Inhalt

Einführung von Horst Nickel

Was vermag die Entwicklungspsychologie zur Verbesserung der Lebenssituation von Kindern und Erwachsenen in unserer Zeit beizutragen? Welchen Standort bezieht sie im Spannungsfeld von Theorie, Forschung und Anwendungspraxis? Wenn überhaupt eine klare Antwort auf diese gegenwärtig immer häufiger diskutierte Frage möglich ist, so wird sie von MARGARET DONALDSON mit dem hier in deutscher Fassung vorgelegten Band für einen zentralen entwicklungspsychologischen Anwendungsbereich, den der schulischen Förderung, in recht eindrucksvoller Weise gegeben. Dabei geht die Verfasserin von einer Tatsache aus, die in westlichen Kulturstaaten nicht nur pädagogisch engagierte Lehrer und Eltern mit Besorgnis erfüllt und die im Verlauf dieses Jahrhunderts Anlaß für ganz unterschiedliche schulpädagogische Reformprogramme lieferte: die ebenso bekannte wie folgenreiche Beobachtung, daß sich spontane und an ihrer Umwelt interessierte Vorschulkinder häufig sehr bald zu mutlosen und scheinbar desinteressierten Schulversagern entwickeln. Warum, so müssen wir fragen, erreichen so unverhältnismäßig viele Pflichtschulabsolventen keinen Abschluß. Warum wird noch immer ein erheblicher Prozentsatz als teilweise Analphabeten entlassen?

Die Antwort, die MARGARET DONALDSON auf diese Fragen gibt, ist verblüffend einfach und muß sowohl Entwicklungspsychologen als auch Pädagogen und Lehrer zugleich schockieren: Wir haben es bisher versäumt, das Denken des Kindes aus seiner spezifischen Lebenssituation heraus zu verstehen. Wir haben weiterhin in den Schulen gesellschaftlich und kulturell bedingte Barrieren errichtet, die auf diese besondere Art des Denkens keine Rücksicht nehmen, sondern sich in erster Linie an Normen und Zielvorstellungen der Erwachsenenwelt orientieren. Dieser Vorwurf der Normorientierung gilt in gewisser Weise auch für die entwicklungspsychologische Forschung und hier nicht zuletzt für die Theorie des großen Genfer Psychologen JEAN PIAGET. Er hat zweifellos das in seiner zielbezogenen Geschlossenheit bisher umfassendste System der Entwicklung kindlichen Denkens entworfen. Unter dem Einfluß dieser sicher eindrucksvollen Theorie haben wir — wie MARGARET DONALDSON darlegt — allerdings die oftmals erstaunlichen

7

geistigen Fähigkeiten von Vorschulkindern und Schulanfängern nicht richtig zu erkennen vermocht und deshalb unterschätzt, denn wir haben nicht versucht, sie aus der spezifischen Situation des Kindes zu verstehen, sondern sie stets auf die formale Logik des gebildeten Erwachsenen bezogen, die PIAGET als immanenten Bezugspunkt und damit gleichsam als Entwicklungsaufgabe seiner Theorie zugrundelegte.

MARGARET DONALDSON studierte an der Universität Edinburgh und ist dort seither als Dozentin für Psychologie tätig. Zusammen mit verschiedenen Fachkollegen wirkte sie bei mehreren Forschungsprojekten zur Analyse und zum Verständnis des kindlichen Denkens mit. Wesentliche Anstöße — auch in Richtung einer kritischen Auseinandersetzung — erhielt sie von JEAN PIAGET selbst während einer Tätigkeit an seinem Institut. Nachhaltigen Einfluß auf die grundlegende Zielrichtung ihrer Arbeiten — Kindern zu helfen, richtig zu lernen — übte JEROME BRUNER aus, der das vorliegende Buch mit folgenden Worten charakterisiert: «Eines der eindringlichsten, ausgewogensten und fundiertesten Bücher, die innerhalb der letzten 20 Jahre über die intellektuelle Entwicklung des Kindes verfaßt wurden. Seine Bedeutung für Schule und Elternhaus ist unermeßlich.»

Mit einer Reihe eindrucksvoller Ergebnisse, vorwiegend aus der Forschergruppe der Universität Edinburgh, belegt MARGARET DONALDSON, daß bereits Kleinkinder erstaunliche geistige Leistungen erbringen können und Aufgaben zu bewältigen vermögen, die man bisher allgemein für viel zu schwierig hielt. Voraussetzung dafür ist jedoch, daß diese Aufgaben in einen Alltagszusammenhang gestellt werden, der für das Kind überschaubar ist, und daß sie ferner in eine für es verständliche sprachliche Form gekleidet sind. Hier setzt zugleich ihre Kritik an den Untersuchungen PIAGETS ein, für dessen Werk sie durchaus Hochachtung bekundet und mit dem sie auch in zahlreichen Ausführungen weitgehend übereinstimmt. Ihre Kritik an den Untersuchungen PIAGETS läßt sich im wesentlichen auf Probleme der Versuchsgestaltung sowie unzureichender oder mißverständlicher Kommunikation zwischen Versuchsleiter und Versuchsperson zurückführen. Stark vereinfacht könnte man in Anlehnung an DONALDSON auch feststellen: Die Kinder verstanden oftmals noch nicht, was PIAGET mit seinen Aufgaben beabsichtigte bzw. was er von ihnen wollte, und PIAGET selbst interpretierte aufgrund seines theoretischen Systems ihre Reaktionen vielfach in falscher Weise.

Wie DONALDSON zeigt, ist nicht nur das Denken jüngerer Kinder, sondern teilweise auch noch das von Erwachsenen weitgehend eingebunden in einen situativen Kontext konkreter Lebenssituationen sowie praktischer Erfahrungen, die ihrerseits wiederum eingebettet sind in einen Bezugsrahmen sozio-kulturell bedingter und vermittelter allgemein verständlicher Beziehungen und Zusammenhänge. Erst allmählich lernt das Kind, sein Denken von diesen in der unmittelbaren Erfahrung gegebenen Zusammenhängen abzulösen. MARGARET DONALDSON prägte dafür den Begriff des «Disembedded Thinking», der hier mit «abgelöstem Denken» übertragen wurde, weil diese Bezeichnung besser als die wörtliche Übersetzung «nicht-eingebettetes Denken» den von der Autorin gemeinten Vorgang der Ablösung aus Alltagszusammenhängen zum Ausdruck bringen dürfte.

«Abgelöstes Denken» wird für sie zu einem Schlüsselbegriff, mit dessen Hilfe sie sowohl die bisherigen unzutreffenden oder falsch interpretierten Ergebnisse der entwicklungspsychologischen Forschung in Anlehnung an PIAGET zu erklären versucht als auch die oft unüberwindbaren Hürden, die der Schulunterricht auf dieser Grundlage für das kindliche Denken errichtet. Aufgabe der Schule muß es nach ihrer Auffassung in erster Linie sein, diesen Prozeß der Ablösung aus der Einbindung in einen situativen und allgemeinverständlichen sprachlichen Bezugsrahmen allmählich anzubahnen und zu unterstützen. Sie darf ihn aber nicht zu stark forcieren oder die Kinder gar in einem auf formales Denken ausgerichteten Unterricht relativ unvermittelt mit diesem Vorgang konfrontieren, wie das nach Meinung der Verfasserin in unseren Schulen geschieht.

Dabei erkennt und berücksichtigt MARGARET DONALDSON auch durchaus richtig die vielfältigen gesamtgesellschaftlichen Implikationen schulischer Anforderungen und Lernprozesse und setzt sich eingehend damit auseinander. Insbesondere verweist sie auf die Bedeutung überlieferter Wertvorstellungen unseres westlichen Kulturkreises, die dem logisch-abstrakten Denken einen absoluten Vorrang einräumen. Auch wenn man den von der Verfasserin angedeuteten grundlegenden Wandel in der gesellschaftlichen Bewertung des Verhältnisses von Theorie und Praxis für utopisch halten mag und vielleicht auch ihren sozialpolitischen Zielsetzungen im einzelnen nicht immer zustimmen kann, so wird dadurch die Bedeutung ihrer Arbeit für ein neues Verständnis kindlichen Denkens und für eine darauf basierende Umgestaltung schulischer Anforderungen und Lernprozesse keineswegs geschmälert. Gerade in der übergreifenden Verbindung entwicklungspsychologischer Forschungsergebnisse mit pädagogischen, ökologischen und gesamtgesellschaftlichen Faktoren liegt eine wesentliche Voraussetzung für den Erfolg der neueren Ansätze einer «Angewandten Entwicklungspsychologie», wie sie auch von der entwicklungspsychologischen Forschung selbst zunehmend als Herausforderung und Aufgabe akzeptiert wird. Zweifellos hat MARGARET DONALDSON mit ihrem hier vorliegenden Buch einen wertvollen Beitrag in dieser Richtung geleistet.

Eine angemessene Übersetzung der engagierten und teilweise auch recht eigenwilligen Diktion der Verfasserin bereitete nicht selten erhebliche Schwierigkeiten. Manche Passagen mußten daher frei übertragen werden, um das Anliegen der Verfasserin dem deutschen Leser mit z.T. anderen sozio-kulturellen Hintergrunderfahrungen — insbesondere bezüglich des Schulsystems — verständlich zu machen. In Fußnoten wurden zusätzliche Erläuterungen und Ergänzungen angebracht. Auf die Übersetzung einiger weniger Abschnitte, die sich auf spezifische pädagogische bzw. gesellschaftliche Situationen innerhalb Großbritanniens bezogen, wurde völlig verzichtet; das gilt auch für den im Anhang des englischen Originals beigefügten Abriß der Theorie PIAGETS. Dieser erschien in der vorliegenden Form so kompakt und abstrakt zugleich, daß der interessierte Leser besser auf die in deutscher Sprache zahlreichen zusammenfassenden und erläuternden Darstellungen verwiesen sei, sofern er es nicht vorzieht, auf PIAGETS Schriften selbst zurückzugreifen.

Frau BÄRBEL FINK danke ich sehr herzlich für die mit literarischem Einfühlungsvermögen erstellte Übersetzungsvorlage. Meiner Mitarbeiterin Frau Dipl. Psych. JUTTA BARTOSZYK bin ich für die Unterstützung bei der Erarbeitung der Endfassung sowie für die redaktionelle Betreuung zu Dank verpflichtet. Zahlreiche Textstellen konnten erst nach längerer intensiver Diskussion — teilweise auch unter Einbezug weiterer Mitarbeiter — in eine befriedigende deutsche Fassung gebracht werden. Mein Dank gilt aber auch dem

Verlag Hans Huber für das Interesse an diesem Buch und seine Bereitschaft, eine deutschsprachige Ausgabe zu verlegen.

Zum Abschluß bleibt nur die Hoffnung, daß das Buch auch im deutschen Sprachbereich jenes Echo finden möge, das dem Originaltext entgegenschlug. Vor allem aber wäre zu wünschen, daß es allen denjenigen, die sich für die Erziehung und Ausbildung unserer Kinder verantwortlich fühlen, einen besseren Einblick in die Art und Weise vermittelt, wie Kinder denken. Dies nicht nur zum besseren Verstehen, sondern vor allem auch, um im Elternhaus, in Vorschule und Schule günstigere Bedingungen für ihre weitere Entwicklung und eine erfolgreiche schulische Ausbildung zu schaffen.

Vorwort der Verfasserin

Im Verlauf dieses Buches versuche ich zu zeigen, daß einzelne Aspekte von PIAGETS Theorie der intellektuellen Entwicklung den vorliegenden Versuchsergebnissen nicht standhalten. Es mag daher verwunderlich erscheinen, wenn ich mich zuallererst jenem Mann zu tiefem Dank verpflichtet erkläre, dessen Werk ich kritisiere. Indes, die Verpflichtung besteht und Dank gebührt sicherlich zu Recht. Vor vielen Jahren bot PIAGET mir die Gelegenheit, am Institut des Sciences de l'Education in Genf zu arbeiten; die Begeisterung, die dieser erste Aufenthalt auslöste, legte den Grundstein für einen Großteil meiner weiteren Forschungsarbeit. Wenn ich mich nun gezwungen sehe, einzelne Teile seiner Lehre zu verwerfen, bedeutet dies keinerlei Schmälerung meiner Hochachtung vor diesem Mann und seinem unermeßlichen Beitrag zur Erweiterung unseres Wissens. Wissenschaftliche Theorien sind niemals endgültig und keiner ist sich dessen deutlicher bewußt als PIAGET. Zudem ist — mit Ausnahme der Anfangskapitel, in denen ich verschiedentlich Neuinterpretationen vorschlage — ein Großteil meiner Ausführungen in diesem Buch durchaus mit PIAGETS Ansichten vereinbar und in vielerlei Hinsicht auch durch diese angeregt.

Während der vergangenen zehn bis zwölf Jahre befand ich mich in der glücklichen Lage, hier in Edinburgh mit einer Reihe hervorragender Kollegen und Doktoranden zusammenarbeiten zu können. Um die Mitte der Sechzigerjahre begann ich gemeinsam mit ROGER WALES, GEORGE BALFOUR, ROBIN CAMPBELL, JOHN TAYLOR und BRIAN YOUNG mit einer Versuchsreihe an Vorschulkindern; EVE CURME war ebenfalls an dem Projekt beteiligt, bis sie — zu unser aller Bedauern — nach Amerika ging. Einzelne Mitglieder des ursprünglichen Teams verließen unsere Gruppe und neue Mitarbeiter traten an ihre Stelle: ROBERT GRIEVE, BARBARA WALLINGTON, PETER LLOYD, MICHAEL GARMAN, PATRICK GRIFFITHS, LESLEY HALL, MARTIN HUGHES, JAMES MCGARRIGLE und ALISON MACRAE. Die in diesem Buch vorgetragenen Argumente stützen sich über weite Strecken auf Ergebnisse aus Arbeiten von Mitgliedern dieser Gruppe; die Jahre regen Gedankenaustauschs mit den Genannten vermittelten mir überdies zahlreiche wertvolle Anregungen. Ebenso erinnere ich mich in Dankbarkeit all der Besucher aus dem Ausland, die in unser Institut kamen, um eine Zeitlang mit uns zu arbeiten. Ihre Anwesenheit bedeutete für uns eine große Bereicherung.

Es ist niemals möglich, über alle Einflüsse, die das eigene Denken formten, im einzelnen Rechenschaft abzulegen — oder sich ihrer auch nur bewußt zu werden. Nicht zu übersehen ist nach meiner Ansicht jedoch der Einfluß von JEROME BRUNER — mit seinem intensiven Interesse an der Beziehung zwischen Psychologie und Erziehung und seiner einzigartigen Fähigkeit, diesem Interesse wirksames Handeln folgen zu lassen. Ich hatte das große Glück, wiederholt in Cambridge in Massachusetts (USA) zusammen mit anderen an Projekten arbeiten zu können, die BRUNER mit dem Ziel ins Leben rief, mehr darüber zu erfahren, wie Kinder lernen und wie ihnen dabei geholfen werden kann. Der vorliegende Band wurde in großem Maße durch dieses Erlebnis stimuliert.

Es wäre unverzeihlich, wollte ich — in Gedanken nun wieder in Edinburgh — die Kinder im Versuchskindergarten unseres Instituts sowie dessen tüchtige Leiterinnen MURIEL SLADE und NOVEEN STRACHAN nicht besonders erwähnen; dasselbe gilt für JANET PANTHER, unsere Sekretärin, auf deren Leistungsfähigkeit und gute Laune wir stets verläßlich bauen können.

ROBIN CAMPBELL, MARTIN HUGHES, ALISON MACRAE, JESS REID und mein Gatte, STEPHEN SALTER, haben das Manuskript dieses Buches in den verschiedenen Phasen seiner Entstehung gelesen. Ihnen allen gebührt mein Dank für die Sorgfalt, die sie darauf verwendet haben; ihre Kommentare und die vielen Diskussionen, die wir führten, waren mir eine wertvolle Hilfe.

Schließlich gilt mein Dank noch dem Social Science Research Council für das von ihm gewährte Forschungsstipendium, das es mir erlaubte, ein Jahr ungestörten Nachdenkens und Schreibens zu verbringen.

Prolog

Der Ort des Geschehens ist ein kleiner Hof in einer Schule. Die Steinplatten auf der Erde sind von der Sonne durchwärmt, und überall stehen Töpfe voll leuchtender Blumen. Den Oberkörper auf die Ellbogen gestützt, liegt ein Kind, tief in ein Buch versunken, auf einer niedrigen Steinmauer. Ganz in der Nähe gießt ein anderes Kind mit großer Sorgfalt Blumen, während ein drittes mit dem Rücken an die Mauer gelehnt sitzt, ein Heft auf den Knien. Es scheint etwas zu zeichnen oder zu schreiben. Wie die beiden anderen Kinder ist es völlig in seine Beschäftigung vertieft.

Überall im Inneren des Gebäudes, das den Hof umschließt, liegen freundliche, mit Teppichen ausgelegte Räume, in denen sich Kinder eifrig verschiedenen Tätigkeiten widmen. Die Lehrer gehen zwischen den Kindern umher, sprechen mit ihnen und ermuntern sie lächelnd in ihren Bemühungen[1].

Als ich diese Szene an einem Morgen im Mai 1977 betrachtete, mußte ich plötzlich daran denken, daß ein Besucher, der nichts über unsere Gesellschaft wüßte, angesichts dieses Bildes auf den Gedanken kommen könnte, er hätte Utopia gefunden — vor allem, wenn er erfahren hätte, daß die Kinder, die er da vor sich sah, aus einem eher benachteiligten Viertel einer unserer großen Städte stammten.

Meinen Gedanken weiterspinnend, fragte ich mich, welchen Eindruck unser Besucher wohl haben würde, wenn er als nächstes das Verhalten und die Gespräche von Schülern bestimmter Klassen am anderen Ende unseres Schulsystems beobachten könnte: die älteren Geschwister der Kinder hier vielleicht — im Begriff, der Schule für immer den Rücken zu kehren und heilfroh, sie endlich hinter sich zu haben. Ich stellte ihn mir vor, wie er aus unseren Zeitungen und Fernsehsendungen die immer wiederkehrenden Klagen über das Elend unserer Schulen erfährt: über das Sinken des Bildungsniveaus; über die Flut von Jugendlichen, die, ohne richtig lesen, schreiben und rechnen zu können, zu Tausenden aus unseren Schu-

---

[1] Im britischen Schulsystem entspricht das erste Pflichtschuljahr etwa den Vorklassen in Modellversuchen der Bundesrepublik und enthält daher noch wesentliche Merkmale der Kindergartenpädagogik.

14

len strömen — unfähig, sich in der Welt, in der sie leben müssen, ihren Lebensunterhalt zu verdienen, unzufrieden, desillusioniert, besiegt von allem Anfang an.

Der Besucher würde sicherlich sehr bald die Vorstellung aufgeben, er hätte Utopia gefunden. Und er hätte zweifellos große Mühe, sich zu erklären, was da schiefgegangen ist.

1. Die Schulerfahrung

«Wo erreichbares Wissen die Situation geändert hätte, kommt Nichtwissen
einem schweren Vergehen gleich.»   A. N. WHITEHEAD

«Und gegen die Natur gilt die Ausrede vom Nichtgewußthaben nicht.
Nichtwissen wirkt wie Schuld.»   C. G. JUNG

Wenn wir Gesetze erlassen, die unsere Kinder zum Schulbesuch
zwingen, übernehmen wir damit gemeinschaftlich eine große Verantwortung. Für einen Zeitraum von ungefähr zehn Jahren, mit
kleinen Abweichungen von Land zu Land, sind die Kinder zwangs-
verpflichtet — daran ändert auch der Umstand nichts, daß sie noch
Kinder sind. Ebenso kann die — noch so ehrlich gemeinte — gute
Absicht, die Schulerfahrung möge nur «ihrem Besten» dienen, den
Ernst der Situation um nichts verringern.

Ich gehöre nicht zu den Befürwortern der sogenannten «Ent-
schulung der Gesellschaft». Ich bin überzeugt, daß wir die Schulen
brauchen, und zwar dringender als je zuvor. Ebensowenig dürfen
wir jedoch das Problem der Rechtfertigung eines lange Jahre dau-
ernden zwangsweisen Staatsdienstes auf die leichte Schulter nehmen. Angesichts eines sich wandelnden Wissensstandes und sich
verändernder Bedingungen, müssen wir uns ernsthaft und stets von
neuem fragen, ob die Schulerfahrung für unsere Kinder *wirklich*
wertvoll ist — ob sie so wertvoll ist, wie sie sein könnte. Und dies
ist letztlich nichts anderes als die Frage, ob sie für die zukünftige
Gesellschaft, die der gegenwärtigen nachfolgt, tatsächlich nutz-
bringend ist.

Wir stehen hier in gewissem Sinn vor einem Rätsel. In den ersten
Schuljahren scheint alles bestens zu verlaufen. Die Kinder machen
einen eifrigen, lebhaften und glücklichen Eindruck. Es herrscht allgemein ein Klima der Spontaneität; die Kinder werden ermutigt, ihre Umwelt zu erforschen, Neues zu entdecken und selbst Dinge zu
schaffen. Die Lehrer verfolgen hochgesteckte pädagogische Ideale,
an deren Verwirklichung ihnen sehr viel liegt. Diese durchaus posi-
tiven Bedingungen gelten meist sogar für jene Teile der Bevölke-
rung, die im übrigen keineswegs als sozial privilegiert zu bezeichnen sind. Wenn wir jedoch bedenken, welch verändertes Bild sich
bietet, wenn die Kinder herangewachsen sind, müssen wir uns ein-

gestehen, daß sich die Hoffnungen der ersten Jahre in vielen Fällen nicht erfüllen. Viele Kinder verlassen die Schule mit dem bitteren Gefühl des Versagens; sie haben die grundlegenden Fertigkeiten, wie sie von unserer Gesellschaft gefordert werden, nicht einmal annähernd zu beherrschen gelernt, geschweige denn, daß sie zu Menschen geworden wären, die mit Vergnügen ihren schöpferischen Geist benutzen.

Es gilt also zu klären, wie es möglich ist, daß etwas, das so gut beginnt, in vielen Fällen ein so trauriges Ende nimmt. In diesem Zusammenhang erhebt sich unweigerlich die Frage, ob die Schulzeit wirklich so gut beginnt, wie es den Anschein hat — ob nicht vielleicht die ersten hoffnungsvollen Jahre bereits den Keim zukünftiger Schwierigkeiten in sich tragen.

Aus solchen Überlegungen entsteht nun häufig die Forderung nach Veränderung der unteren Stufen des Systems. Die Gefahr ist dabei groß, daß diese Forderungen in Veränderungen münden, die einen ernsten Rückschritt bedeuten würden.

In einem am 24. Juni 1977 im *Times Educational Supplement*[1] veröffentlichten Aufsatz warnt KARL HEINZ GRUBER eindringlich vor der Torheit, einmal Erreichtes wieder preiszugeben. Den bereits erzielten Fortschritt vergegenwärtigt er dem Leser durch eine lebhafte Schilderung des Gegensatzes zwischen unseren Schulen und jenen des übrigen Europas, die er als harte und strenge Einrichtungen beschreibt, in denen die Kinder von Anfang an durch die Versagungsängste eingeschüchtert, ja sogar krank gemacht werden.

Zweifellos wäre es ein Fehler, dahin zurückzukehren. Und doch müssen wir uns — trotz GRUBERs Warnung und trotz der Gefahr eines Verlustes — fragen, ob das, was wir gegenwärtig tun, ausreichend ist. Denn die grundlegende Problematik bleibt bestehen: Trotz des aufgeklärten Bemühens unserer Grundschulen, die Kinder glücklich zu machen, wird die Schulzeit für viele unserer Kinder zu einem eindeutig negativen Erlebnis. Viele stehen am Ende der Schulzeit ohne das nötige Rüstzeug für ein Leben in unserer Gesellschaft da und wissen das nur zu genau. Sie können nun entweder

---

[1] Das *Times Educational Supplement* ist ein einmal wöchentlich erscheinender Sonderteil der *London Times,* in dem Fragen des Erziehungs- und Bildungswesens erörtert werden.

sich selbst als dumm betrachten oder aber — im verständlichen Bestreben, dieses Eingeständnis abzuwehren — die Tätigkeiten, bei denen sie versagten, als unsinnig bewerten. Im einen wie im anderen Fall haben sie genug von diesen Dingen. Wie können wir lange Jahre staatlich verordneter Zwangsbetätigung rechtfertigen, wenn dies dann das Ergebnis ist?

Für die Lehrer unglücklicher Kinder ist die Schulerfahrung meist auch keine sehr glückliche. In ihrem Fall besteht die Abwehrreaktion jedoch in der Feststellung, daß es an der Dummheit der Schüler liege. Sie können wohl kaum sagen, daß die Dinge, die sie unterrichten, unsinnig wären, denn wie sollten sie ihr Tun dann noch rechtfertigen? Die einzige Erklärung mag in ihren Augen die Feststellung sein, daß das Versagen *auf Seiten der Schüler* liege.

Für die Gesellschaft als Ganzes — oder zumindest jenen Teil der Gesellschaft, der über die Festlegung und Verwirklichung der Erziehungsziele entscheidet — gibt es zwei mögliche defensive Folgerungen aus dieser Situation: einerseits den Schluß, daß eine große Zahl von Kindern tatsächlich hoffnungslos dumm und daher abzuschreiben ist, und andererseits die Überlegung, daß viele Lehrer ihre Aufgabe nicht richtig erfüllen.

Wo liegt da nun die Wahrheit?

Zuallererst müssen wir uns in dieser allgemein unerfreulichen Situation vor Augen halten, wie ungemein schwierig — und in der Evolution des Menschen neuartig — das pädagogische Unterfangen ist, das sich die moderne westliche Welt hier vorgenommen hat. Wir brauchen uns also nicht besonders zu rechtfertigen, wenn es noch nicht zu voller Zufriedenheit gelingt. Im weiteren Verlauf dieses Buches versuche ich zu zeigen, daß einige der in unserem Bildungssystem am höchsten bewerteten Fertigkeiten der spontanen Funktionsweise des menschlichen Gehirns vollkommen fremd sind. Und ich behaupte, daß unser Wissen über die wahre Problematik der Entwicklung dieser Fertigkeiten bislang nicht umfassend und weitreichend genug war.

Eine defensive Haltung verhindert in der Regel zielführendes Handeln — was freilich in gleicher Weise für die Selbstgefälligkeit gilt, die leicht an ihre Stelle treten kann. Angesichts unserer gegenwärtigen Lage wäre Selbstgefälligkeit verheerend; wenn wir unser Bildungsbemühen fortsetzen wollen, ist es unerläßlich, herauszufinden, wie wir es besser machen könnten. Mögen die bereits erzielten Fortschritte auch noch so groß sein — das gegenwärtige Ausmaß psychischen Leidens und vergeudeter Energie ist nach wie vor unerträglich hoch.

Die Lösung eines Problems besteht stets in der Antwort auf die Frage, wie ein gegebener Zustand in einen gewünschten Zustand übergeführt werden kann. Dazu ist neben einer genauen Vorstellung des gewünschten Endzustandes auch eine umfassende Kenntnis der Ausgangssituation erforderlich. Ein Lehrer muß folglich nicht nur wissen, welche Entwicklung er bei seinen Schülern bewirken möchte, sondern auch darüber informiert sein, wie diese zu Beginn des Lernprozesses beschaffen sind.

In den vergangenen Jahren erbrachte die Forschung zahlreiche neue Erkenntnisse über die Grundlage von Sprache und Denken bei Kindern zum Zeitpunkt ihres Schuleintritts. Es ist nun an der Zeit, einige weit verbreitete Meinungen zu überprüfen und zu fragen, welche Folgen sich aus ihrer Korrektur ergeben.

2. Die Fähigkeit, den Standpunkt anderer einzunehmen

Ich verbrachte diesen ersten Tag damit, daß ich Löcher ins Papier bohrte, und machte mich dann, Groll im Herzen, auf den Heimweg.
«Was ist los, Loll? Hat es ihm denn nicht gefallen in der Schule?»
«Sie haben mir das Plätzchen nicht gegeben.»
«Plätzchen? Was für ein Plätzchen?»
«Sie haben gesagt, sie würden noch ein Plätzchen für mich haben.»
«Na, weißt du — das kann aber nicht stimmen.»
«Doch! Sie haben gesagt: Du bist Laurie Lee, nicht wahr? Gut, für dich haben wir auch noch ein Plätzchen. Und dann hab ich den ganzen Tag gesessen und nichts habe ich bekommen. Da geh ich nicht wieder hin!»
LAURIE LEE[1]

Dieses Mißverständnis gibt uns aus mindestens zwei Gründen Anlaß zur Heiterkeit: zum einen weil uns die jähe Erkenntnis einer Zweideutigkeit, wo wir keine vermutet hätten, so sehr verblüfft; zum anderen weil uns die Interpretation des Kindes rührt, in der die Unangemessenheit seiner Erwartungen, die Naivität seines offenen und hoffnungsvollen Denkens deutlich wird.

Als erste Reaktion angesichts dieser Episode läge es nun nahe, festzustellen, daß das Kind den Erwachsenen nicht verstanden hat. Doch schon nach kurzer Überlegung wird offenkundig, daß der Erwachsene seinerseits das Kind in einem viel tieferen Sinn ebenfalls nicht verstanden hat — d. h. sich dessen Blickwinkel nicht vergegenwärtigt hat.

Dies ist nun nicht als Kritik an der Lehrerin, die diese Worte zu Laurie Lee sagte, aufzufassen. Wir können uns unmöglich über je-

---

[1] Zitat entnommen der deutschen Ausgabe: LEE L. Des Sommers ganze Fülle. München: Kindler, 1964, S. 45 f.)
Da im weiteren Verlauf dieses Kapitels auf besondere Merkmale der englischen Originalstelle, die in der deutschen Übersetzung aus Gründen der Übertragbarkeit verändert wiedergegeben werden mußte, Bezug genommen wird, sei der entscheidende Satz auch im Original zitiert: «*Well you just sit there for the present.*» Der Doppelsinn ergibt sich hier aus den verschiedenen Bedeutungen des Wortes «*present*» («Gegenwart» bzw. «Geschenk»), die neben dem idiomatischen Verstehen («*for the present*» = «einstweilen») auch eine wörtliche Interpretation, die ein Geschenk erwarten läßt, erlauben).

des einzelne Wort, das wir in der Hetze eines langen Tages äußern, Gedanken machen.

Und doch verhielt sich diese Lehrerin, wie verständlich dies auch sein mag, in einer Art und Weise, die von Psychologen «egozentrisch» genannt würde. Das Wort «egozentrisch» bedeutet hier nicht «egoistisch», sondern im wahrsten Sinne «selbstzentriert». Es bezeichnet eine Sichtweise, die ausschließlich vom eigenen Standpunkt ausgeht, und zwar im wörtlichen wie im übertragenen Sinn dieses Wortes. Dabei läßt sie völlig außer acht, wie sich dieselbe Situation aus einem anderen Blickwinkel darstellt, beziehungsweise welche Bedeutung dieselben Worte erhalten, wenn sie von einer anderen Person mit einem anderen Wissens- und Erfahrungsschatz aufgenommen und verarbeitet werden.

Im Gegensatz zu seiner Lehrerin wußte LAURIE LEE nicht, daß es in der Schule in der Regel keine Plätzchen gibt. Die Lehrerin wiederum dachte nicht daran, daß LAURIE LEE dies nicht wissen würde; für sie war es so selbstverständlich, daß sie vermutlich gar nicht auf den Gedanken kam, daß dies bei anderen nicht der Fall sein könnte. Je vertrauter die Dinge sind, desto größer ist die Gefahr, sich mit Bezug auf das eigene Wissen egozentrisch zu verhalten. Demzufolge wird das Unterrichten — zumindest in dieser Hinsicht — zunehmend schwieriger, je größer der Wissensunterschied zwischen Lehrer und Lernendem ist.

LAURIE LEE hatte vermutlich keine Ahnung von der anderen, den Erwachsenen zugänglichen idiomatischen Bedeutung des Ausdrucks *for the present*. Es gab für ihn somit gar keine andere Interpretationsmöglichkeit. Auch in dieser Hinsicht bedachte die Lehrerin nicht, wie groß der Abstand zwischen ihnen war. Ihr Verhalten war durch ihre eigene, selbstzentrierte Sicht der Dinge bestimmt. Sie versäumte es, ihr Denken zu «dezentrieren», d. h. den Standpunkt anderer einzunehmen und sich vorzustellen, was ihre Worte wohl für ein kleines Kind bedeuten würden.

Wir alle neigen stark dazu, in dieser Weise aus unserer selbstzentrierten Weltsicht heraus zu handeln. Andererseits besitzen wir durchaus die Fähigkeit, unser Denken zu dezentrieren — sonst müßte es viel häufiger Verständigungsschwierigkeiten geben. Ein Mensch, der völlig unfähig wäre, den Blickwinkel eines anderen mit einzubeziehen, wäre ein sehr schlechter Gesprächspartner. Wenn ein Gespräch gut verlaufen soll, müssen alle Beteiligten zu erfassen suchen, was der jeweilige andere bereits weiß oder nicht weiß, was er für seine Zwecke wissen muß beziehungsweise was er gerne erfahren würde.

Es wurde behauptet, daß Kinder unter einem Alter von sechs oder sieben Jahren keine guten Kommunikationspartner seien, da ihnen die Fähigkeit fehle, ihr Denken zu dezentrieren — sie seien vielmehr, anders ausgedrückt, äußerst «egozentrisch».

Vor allem durch JEAN PIAGET wurde diese Ansicht nachdrücklich vertreten, und durch viele bestätigende Befunde gestützt. Sie nimmt in seinen Theorien über die Fähigkeiten des Kindes im Vorschul- und im Grundschulalter eine zentrale Stellung ein. PIAGETS Argumentation ist so umfassend und geschlossen und erfaßt so viele Aspekte der Entwicklung des Verhaltens, daß es kaum vorstellbar ist, daß er sich irren könnte.

Und doch liegen nun zahlreiche Belege dafür vor, daß er sich in diesem Punkt *tatsächlich* irrt.

In den vergangenen Jahren gewann PIAGET sein Datenmaterial vorwiegend dadurch, daß er den Kindern Testaufgaben vorlegte und ihr Verhalten während der Aufgabenlösung beobachtete, ihnen Fragen dazu stellte und ihre Antworten und spontanen Kommentare aufzeichnete. Bei einer der bekanntesten dieser Aufgaben geht es um die Fähigkeit, dem Standpunkt (im eigentlichen Sinn des Wortes) eines anderen Rechnung zu tragen — d. h. zu erfassen, was eine Person sieht, die denselben Gegenstand von der anderen Seite aus betrachtet.

Für diese Aufgabe ist ein dreidimensionaler Gegenstand oder eine Kombination von Gegenständen erforderlich. PIAGET selbst verwendet ein Modell, das aus drei Bergen besteht (PIAGET & INHELDER, 1956). Die Berge unterscheiden sich durch ihre Farbe sowie durch Besonderheiten wie Schnee auf dem einen, ein Haus auf dem anderen sowie ein Kreuz auf dem Gipfel des dritten.

Das Modell wird auf einen Tisch gestellt. Das Kind erhält seinen Platz an einer Seite dieses Tisches. Dann bringt der Versuchsleiter eine kleine Puppe ins Spiel, die er an eine andere Seite des Tisches setzt. Das Kind soll nun die Antwort auf die Frage finden, was die Puppe von ihrem Platz aus sieht.

Zweifellos ist es für das Kind außerordentlich schwierig, eine verbale Beschreibung dieses Eindrucks zu geben («Oben auf dem rechten Berg sieht sie ein Haus ... »), denn eine solche Beschreibung weist eine erhebliche Komplexität auf. In einer Version der Aufgabe werden dem Kind daher zehn Bilder vorgelegt, die jeweils verschiedene Perspektiven des Modells darstellen. Das Kind soll nun das Bild auswählen, welches zeigt, was die Puppe sieht. In einer anderen Version erhält das Kind drei «Berge» aus Karton, die es so anordnen soll, wie es einer Aufnahme vom Standpunkt der Puppe aus entspräche. Diese Aufgabe können Kinder in der Regel erst im Alter von acht oder neun Jahren richtig lösen, während Kinder unter sechs oder sieben Jahren deutlich dazu neigen, jenes Bild zu wählen, beziehungsweise jenes Modell zu bauen, das die Ansicht von ihrem eigenen Standpunkt aus wiedergibt — also genau das zeigt, was sie selber sehen.

PIAGET schließt daraus, daß die jüngeren Kinder nicht in der Lage seien, ihr Denken zu dezentrieren. Er betont zwar, daß sie in gewissem Sinne sehr wohl wüßten, daß sich ein Gegenstand in seiner Erscheinung ändere, wenn sie um ihn herumgingen. Dennoch behauptet er, daß sie in der von ihm so benannten «egozentrischen Täuschung» gefangen seien, wenn es darum gehe, ein inneres Vorstellungsbild einer Perspektive zu entwickeln, die sie nie wirklich gesehen hätten. Sie «stellen sich tatsächlich vor, die Perspektive der Puppe sei identisch mit ihrem eigenen, momentanen Blickwinkel.»[2]

Sie glauben, die Puppe sähe die Berge genau so, wie sie von ihrem eigenen Standpunkt aus erscheinen. Was dem Kind PIAGETS Ansicht zufolge fehlt, ist die Fähigkeit, den eigenen augenblicklichen Standpunkt als einen von vielen möglichen Standpunkten zu begreifen und diese Möglichkeiten so in ein einheitliches System zu integrieren, daß es zu einem Verständnis des Zusammenhanges zwischen den einzelnen Blickwinkeln gelangt.

PIAGET ist überzeugt, daß uns das Verhalten des Kindes in dieser Situation tiefen Einblick in seine Welt gewährt. Diese Welt ist nach der Auffassung PIAGETS im wesentlichen durch «falsche Absolutheiten» bestimmt. Das Kind begreift nicht, daß das, was es sieht, von seinem eigenen Standpunkt abhängt; es hält seinen Eindruck

---

[2] Zitat entnommen aus der deutschen Ausgabe: PIAGET, J. & INHELDER, B.: Die Entwicklung des räumlichen Denkens beim Kinde. Gesammelte Werke, Bd. 6. Stuttgart: Klett, 1975, (S. 261).

vielmehr für ein Abbild der absoluten Wahrheit oder Realität — für *die Welt, wie sie wirklich ist.* Daraus resultiert für das Kind nun freilich eine Welt, die durch extreme Diskontinuität gekennzeichnet ist. Jeder Standortwechsel bedeutet eine jähe Veränderung der Welt und einen deutlichen Bruch mit der Vergangenheit. Und tatsächlich glaubt PIAGET, daß dies für kleine Kinder zutreffe; daß sie ganz im Augenblick lebten und sich nicht darum kümmerten, was unmittelbar zuvor gewesen sei und in welcher Beziehung ein gegebener Zustand zum vorangegangen oder nachfolgenden stehe. Ihre Welt ähnelt einem Film, der zu langsam abläuft — wie PIAGET an einer anderen Stelle schreibt.

Dies bedeutet nun keineswegs, daß PIAGET der Meinung ist, das Kind habe keine Erinnerung an die vergangenen Einzelbilder. Für ihn geht es um die Frage, ob und wie die einzelnen Augenblicksbilder in der Vorstellung des Kindes verknüpft werden — wie gut es dem Kind gelingt, die Übergänge zwischen ihnen gedanklich zu bewältigen.

All dies hat weitreichende Implikationen für die Fähigkeit des Kindes, zu denken und logische Schlüsse zu ziehen; auf sie soll später noch eingegangen werden. Zuvor seien jedoch die Leistungen der Kinder in einer anderen Aufgabe betrachtet, die der Aufgabe mit den drei Bergen in gewissem Sinne sehr ähnlich ist, sich aber zugleich in sehr wesentlichen Punkten deutlich von dieser unterscheidet.

Diese Aufgabe wurde von MARTIN HUGHES (1975) entwickelt. In ihrer einfachsten Version sind dazu zwei einander überkreuzende Mauern sowie zwei Figuren, die einen Polizisten und einen kleinen Jungen darstellen, erforderlich. Von oben betrachtet sieht die Versuchsanordnung (noch ohne die Figur des Jungen) folgendermaßen aus (Abb. 1).

In den Untersuchungen von HUGHES befand sich der Polizist zu Beginn des Versuches, so wie hier im Bild, in einer Position, von wo aus er die Felder B und D überblicken konnte, wohingegen die Felder A und C durch die Mauer vor ihm verborgen waren.

Das Kind wurde zunächst sehr sorgfältig auf die Versuchsaufgabe vorbereitet, so daß es alle Chancen hatte, die Situation zu begreifen und zu erfassen, was von ihm erwartet wurde. HUGHES stellte die Figur des Jungen als erstes in Feld A und fragte, ob der Polizist den Jungen dort sehen könnte. Diese Frage wurde für jedes

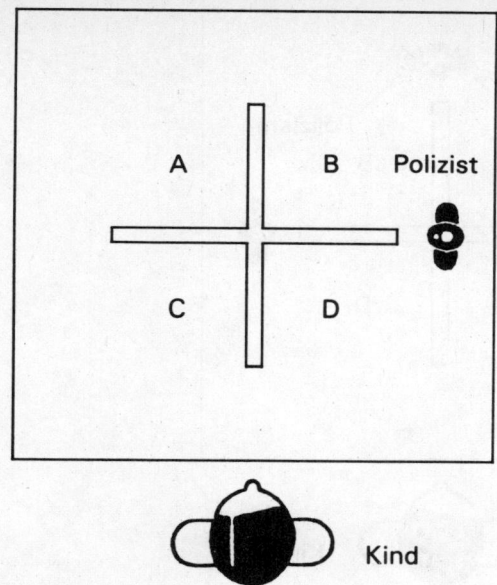

A   B   Polizist

C   D

Kind

Abb. 1

der vier Felder wiederholt gestellt. Dann wurde der Polizist auf die gegenüberliegende Seite, d. h. vor die Mauer zwischen A und C, gestellt. Das Kind sollte nun den kleinen Jungen so verstecken, daß der Polizist ihn nicht sehen könne. Kam es in dieser Einführungsphase zu Fehlern, so wurde das Kind auf seinen Irrtum aufmerksam gemacht. Jede Frage wurde so oft wiederholt, bis das Kind die richtige Antwort gab. Aber es gab nur sehr selten fehlerhafte Antworten.

Danach begann der eigentliche Versuch. Und nun wurde die Aufgabe schwieriger: statt des einen gab es zwei Polizisten, die folgende Standorte erhielten (Abb. 2).

Das Kind sollte den Jungen nun vor beiden Polizisten verstecken — eine Aufgabe, zu deren Lösung die Berücksichtigung und Koordinierung zweier verschiedener Blickwinkel erforderlich war. Der Vorgang wurde noch dreimal wiederholt; in jedem Fall bildete ein anderes Feld das einzig mögliche Versteck.

Die Ergebnisse waren beeindruckend. In einem Versuch mit drei-

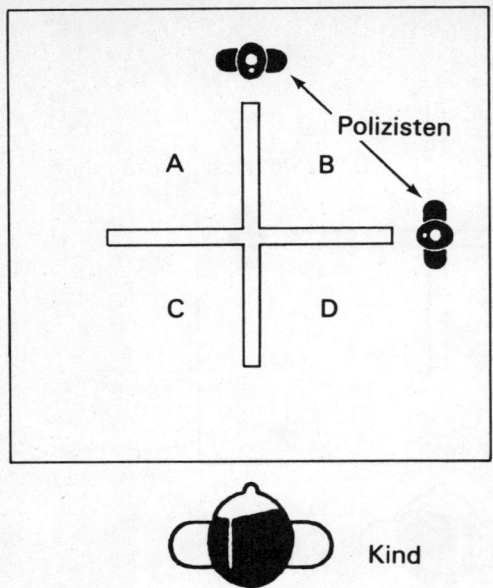

Kind

Abb. 2

ßig Kindern, deren Alter zwischen dreieinhalb und fünf Jahren lag, waren 90% der Antworten richtig. Und sogar die zehn jüngsten Kinder, deren Durchschnittsalter erst drei Jahre und neun Monate betrug, erreichten eine Erfolgsrate von 88%.

HUGHES führte dann noch weitere Versuche durch, in denen er eine kompliziertere Anordnung von Mauern, die bis zu fünf und sechs Felder ergab, sowie einen dritten Polizisten einsetzte. Die Dreijährigen hatten nun größere Schwierigkeiten, doch waren ihre Antworten noch immer in mehr als 60% der Fälle richtig. Bei den Vierjährigen gab es nach wie vor in 90% der Fälle richtige Antworten.

Es erscheint unmöglich, diese Ergebnisse mit PIAGETS Behauptung zu vereinbaren, daß Kinder unter sieben Jahren kaum fähig seien, den Standpunkt eines anderen einzunehmen — in dem wörtlichen Sinn, daß sie sich vorstellen könnten, was der andere sieht. Wenn es auch nicht möglich ist, die Ergebnisse von HUGHES mit PIAGETS *Behauptung* in Einklang zu bringen, so muß es doch einen

Weg geben, sie mit PIAGETS *Befunden* zu vereinbaren, denn diese stehen außer Zweifel. Untersuchungen anderer Wissenschaftler haben eindeutig bestätigt, daß Kinder tatsächlich große Schwierigkeiten haben, die Aufgabe mit den drei Bergen zu lösen. Doch scheint der Grund dafür ein anderer zu sein als der von PIAGET genannte. Was ist nun wirklich der Grund für dieses Versagen?

Hier müssen zweifellos die Unterschiede zwischen den beiden Aufgaben in Betracht gezogen werden — und die sind zahlreich. Ein Unterschied, auf den HUGHES hinweist, besteht darin, daß die Aufgabe mit den Polizisten vom Kind nur verlangt, herauszufinden, ob ein bestimmter Gegenstand für den anderen sichtbar ist oder nicht — dabei aber keine Rechts-links-Umkehr oder ähnliches erfordert. Dennoch beinhaltet sie die Koordination verschiedener Standpunkte. Das Kind muß also entscheiden, *was* zu sehen ist, nicht aber, *wie* es erscheint. Nun ist es völlig klar, daß es auch für einen Erwachsenen im Falle einer komplexeren Anordnung nicht ganz leicht ist, zu bestimmen, wie etwas von einem bestimmten Standpunkt aus betrachtet aussieht. Doch dies kann kaum erklären, warum kleine Kinder bei der Aufgabe mit den Bergen so häufig ihren eigenen Blickwinkel und nicht irgendeinen anderen, wenn auch falschen Standpunkt wählen. Stellt man diese Tatsache neben die Ergebnisse von HUGHES, so liegt der Schluß sehr nahe, daß jene Kinder, die bei der Aufgabe mit den Bergen «egozentrische» Reaktionen zeigen, nicht wirklich begreifen, was sie tun sollen.

In einer anderen Untersuchung verwendete HUGHES eine vereinfachte Form der Aufgabe mit den Bergen und stellte fest, daß es bei größter Sorgfalt in der Erklärung der Aufgabe möglich ist, auch bei Vorschulkindern einen großen Prozentsatz richtiger Antworten zu erzielen. Dies bestätigt die Ansicht, daß PIAGETS Versuchspersonen nicht verstanden, was zu tun war.

Im Gegensatz dazu handelt es sich bei der Aufgabe mit den Polizisten ganz offensichtlich um eine Situation, die für das Kind *verständlich* ist. HUGHES gab sich große Mühe, den Kindern die Aufgabe in einer Weise nahezubringen, die ihnen das Erfassen der Problemstellung erleichtern sollte. Seine Vorkehrungen erwiesen sich jedoch als weitgehend unnötig; die Kinder schienen sofort zu verstehen, worum es ging. Wir müssen uns also fragen, weshalb dies den Kindern so leicht fiel.

Es ist nun zu beachten, daß wir uns nicht auf die direkte, tatsächliche Erfahrungen der Kinder berufen können. Wenn überhaupt, so hatten nur wenige dieser Kinder jemals versucht, sich vor einem Polizisten zu verstecken. Was wir jedoch zur Erklärung heranziehen können, ist die Generalisierung von Erfahrung: die Kinder wissen, was es heißt, sich verstecken zu wollen. Und sie wissen auch, wie es ist, wenn man etwas Verbotenes getan hat und sich den Folgen entziehen möchte. So können sie sich ganz leicht vorstellen, daß ein kleiner Junge versuchen würde, sich vor einem Polizisten zu verstecken, wenn er etwas angestellt hätte; denn in diesem Fall wäre es die Pflicht des Polizisten, ihn zu fangen, was für den Jungen unangenehme Folgen hätte.

Der springende Punkt dabei ist, daß die *Motive* und *Intentionen* der handelnden Personen voll und ganz verständlich sind — und zwar auch für Dreijährige. Die Aufgabe verlangt vom Kind Reaktionen, die bestimmten grundlegenden Absichten und Handlungen der Menschen (Flucht und Verfolgung) entsprechen — sie ist daher *allgemeinverständlich*. Aus diesem Grund ist es überhaupt nicht schwierig, dem Kind klarzumachen, was es tun soll: es begreift es sofort. Und es zeigt sich, daß ihm auch die Lösung der Aufgabe nicht schwerfällt. Mit anderen Worten, das Kind hat in diesem Kontext keine Schwierigkeiten, sein Denken zu dezentrieren, wie PIAGET es vermutete.

Hinsichtlich ihrer Verständlichkeit verkörpert die Aufgabe mit den Bergen das entgegengesetzte Extrem. In ihr sind keine zwischenmenschlichen Motive im Spiel, die dem Kind unmittelbar verständlich wären. (Es ließe sich zwar nach den Motiven des Versuchsleiters fragen, wenn er das Kind um Ausführung der Aufgabe bittet, und nach jenen des Kindes, wenn es seiner Aufforderung nachkommt, doch handelt es sich dabei um etwas ganz anderes.)

Die Aufgabe mit den Bergen ist somit in einem psychologisch sehr wichtigen Sinn *abstrakt* zu nennen, und zwar in dem Sinn, daß sie von allen grundlegenden menschlichen Zielen, Gefühlen und Bestrebungen abgehoben ist. Sie verlangt zu ihrer Lösung nüchternes, «kaltes» Überlegen. Doch in den Adern Dreijähriger fließt noch warmes Blut.

Dies ist nun keinesfalls so zu verstehen, daß die Fähigkeit, sich in nüchterner Weise mit Problemen abstrakter und formaler Natur auseinanderzusetzen, nicht wichtig wäre. Sie ist vielmehr von unermeßlicher Bedeutung. Zahlreiche äußerst positiv zu bewertende Errungenschaften der Menschheit beruhen auf ihr. Doch kleine Kinder besitzen sie nur in geringem Maße.

Wenn wir diese Fähigkeit so hoch schätzen, ist es umso wichtiger, daß wir die Schwierigkeiten, die mit ihr verbunden sind, verstehen lernen. Denn je besser wir diese Schwierigkeiten verstehen, desto eher sind wir in der Lage, den Kindern dabei zu helfen.

Ein Hindernis auf dem Weg zu einem besseren Verständnis ist die Tatsache, daß die Personen, die diese Fragen untersuchen, meist selbst an eine abstrakte und formale Denkweise gewöhnt sind; es fällt ihnen daher schwer, nachzuvollziehen, daß derselbe Grad der Abstraktheit, der für sie noch keinerlei Problem bedeutet, eine Aufgabe für ein Kind bereits sinnlos und verwirrend gestalten kann. Mit anderen Worten, die Forscher versäumen vielfach, ihr Denken zu dezentrieren — genauso wie LAURIE LEES Lehrerin.

Es mag nun der Eindruck entstehen, wir befänden uns in der eigenartigen Lage, zu behaupten, daß Kinder nicht egozentrisch seien, hochgebildete Erwachsene hingegen sehr. Dieser Eindruck ist jedoch nicht richtig; es wird hier vielmehr die Ansicht vertreten, daß alle Menschen ihr ganzes Leben hindurch in gewissen Situationen egozentrisch reagieren, in anderen dagegen zur Dezentrierung durchaus fähig sind. PIAGET hätte keinerlei Einwand gegen die Behauptung, daß der Egozentrismus niemals völlig abgelegt werde. Die Auseinandersetzung mit ihm dreht sich einzig um das Ausmaß — und um die entwicklungspsychologische Bedeutung — des Egozentrismus in der frühen Kindheit. Ich möchte zeigen, daß der Unterschied zwischen Kind und Erwachsenem in dieser Hinsicht geringer ist, als von PIAGET angenommen, und daß die entscheidenden Unterschiede in anderen Dingen liegen.

Bei meinem Versuch, die Ergebnisse von HUGHES mit jenen PIAGETS in Einklang zu bringen, wies ich darauf hin, daß die Aufgabe von HUGHES für ein Kind deshalb leicht faßbar ist, weil sie in einem allgemein menschlichen Sinn verständlich ist. Sie beruht auf dem Verständnis des Zusammenspiels zweier sehr grundlegender komplementärer Intentionen: der Intention der Flucht einerseits sowie der Intention der Verfolgung und Gefangennahme andererseits. Bemerkenswert ist dabei, daß die Berücksichtigung solcher sich ergänzender Intentionen — mögen diese auch noch so einfach sein —

bereits die Fähigkeit zu einer bestimmten Form der Dezentrierung erfordert. Hierbei geht es nicht um das Verständnis eines anderen Standpunktes im wörtlichen Sinne, d. h. nicht um das, was ein anderer von einem bestimmten Standpunkt aus *sieht,* sondern, was er fühlt beziehungsweise vorhat. Obwohl HUGHES' Aufgabe vornehmlich zur Prüfung der Dezentrierung im ersten Sinne entwickelt wurde, basiert sie zugleich auch auf der letzteren. Und bei dieser handelt es sich, wie bereits angedeutet, um eine grundlegende Fähigkeit des Menschen.

Die Frage nach den Ursprüngen dieser Fähigkeit führt bis in die frühe Kindheit zurück — in eine Zeit, in der nach PIAGET der Egozentrismus beherrschend ist. PIAGET ist überzeugt, daß das Kind anfangs nicht in der Lage sei, zwischen sich selbst und der übrigen Welt zu unterscheiden —, daß es diese späterhin meist eindeutige und beständige Grenze zunächst nicht ziehen könne.

Eine solche Einstellung ist nun um einiges extremer, als jene, die einfach dem Rest der Welt den eigenen Standpunkt zuschreibt; denn spricht man der übrigen Welt die Existenz ab, so spricht man ihr zweifellos auch jeglichen Standpunkt ab. Doch zugleich spricht man ihn sich selber ab. Das Konzept des «Standpunktes» als solches verliert damit seinen Sinn.

PIAGET bezeichnet diesen frühen Egozentrismus als «vollkommen *und unbewußt*» (Hervorhebung von der Autorin). Solange sich das Kind in diesem Zustand befindet, ist es sich seiner selbst ebensowenig bewußt, wie es sich anderer Menschen und Dinge bewußt ist. Das Bewußtsein entwickelt sich in dem Maße, in dem die Differenzierung fortschreitet.

Es drängt sich nun die berechtigte Frage auf, wie PIAGET oder irgend jemand anderer wissen kann, worüber beim Kleinkind Bewußtheit besteht. Das Kind kann es uns freilich nicht selber sagen. So bleibt einzig und allein die Möglichkeit, aus seinem Verhalten Rückschlüsse zu ziehen.

PIAGET stützt sich in seiner Argumentation vor allem auf folgende Beobachtung: Gibt man einem fünf oder sechs Monate altem Kind irgendein Spielzeug und deckt dieses dann vor seinen Augen mit einer Schachtel oder mit einem Tuch zu, so unternimmt das Kind meist keinerlei Versuch, die Abdeckung zu entfernen, um wieder zu seinem Spielzeug zu gelangen. Dies ist auch der Fall, wenn das Kind zuvor großes Interesse an dem Spielzeug zeigte und zudem die Hand- und Armbewegungen ausreichend beherrscht, die erforderlich sind, um nach dem Gegenstand greifen zu können.

Weshalb bemüht sich das Kind nicht mit allen seinen Kräften, sein Spielzeug wiederzubekommen? PIAGET behauptet, es tue dies interessanterweise deshalb nicht, weil das Spielzeug für es aufgehört habe, zu existieren; der Ausspruch: «aus dem Auge, aus dem Sinn» treffe in dieser Phase tatsächlich zu.

Der Erwachsene betrachtet die Welt gewöhnlich als einen Ort, an dem die Gegenstände als solche Beständigkeit besitzen, ob er sie nun sehen kann oder nicht. Ihre Existenz ist für ihn unabhängig von der eigenen. Philosophen haben diese Vorstellung und ihre Grundlagen in Frage gestellt; für die meisten von uns ist sie jedoch — im weitaus größten Teil der Fälle — eine völlig unumstrittene Annahme, die uns ständig in unserem Verhalten leitet. Wenn wir sehen, daß über einen Gegenstand ein Schachteldeckel gestülpt wird, wissen wir genau, daß sich der Gegenstand noch an derselben Stelle befindet. Würde nun die Abdeckung entfernt und es stellte sich heraus, daß der Gegenstand verschwunden ist, so wären wir äußerst verblüfft und müßten uns auf einen faulen Trick oder auf Zauberei berufen, um das Geschehen zu erklären.

Glaubt ein Kind nicht, daß der Gegenstand unter der Schachtel nach wie vor vorhanden ist — d. h. hat es den sogenannten «Objektbegriff» noch nicht entwickelt —, muß sich sein Weltbild deutlich von dem unsrigen unterscheiden. Und das wäre der Fall, könnte das Kind nicht zwischen sich und dem Rest der Welt trennen. Die Vorstellung einer Welt beständiger, bleibender Dinge, die sich in Raum und Zeit bewegen, ist für das Kind erst möglich, wenn es die wichtige Unterscheidung zwischen Selbst und Nicht-Selbst vorgenommen hat. Durch diese Unterscheidung verleiht es den Dingen — und zugleich sich selbst — Unabhängigkeit.

Somit interpretiert PIAGET die Tatsache, daß das Kind den verschwundenen Gegenstand nicht sucht, als Beweis für die Existenz eines ausgeprägten Egozentrismus im frühen Kindesalter. Auf den ersten Blick erscheint dieser Beweis tatsächlich überzeugend. Bei näherer Betrachtung wird jedoch die Problematik dieser Schlußfolgerung deutlich. Ein Hauptproblem dabei ist folgendes: Wenn das völlige Fehlen der Vorstellung von der Objektpermanenz wirklich der Grund dafür ist, daß das Kind nicht nach dem Spielzeug sucht, dann darf die Art und Weise, wie der Gegenstand zum Verschwinden gebracht wird, keinen Einfluß auf sein Verhalten haben. Ist die Welt für das Kind nur eine Folge von Bildern, die auftauchen und vergehen (wie es ja aus dem Nichtvorhandensein des Objektbegriffes folgen würde), so versucht das Kind in keinem Fall, den Gegenstand wiederzuerlangen — gleichgültig, wodurch dessen Verschwinden verursacht wurde. Dies scheint jedoch nicht zuzutreffen. Die Art und Weise des Verschwindens ist keineswegs bedeutungslos.

Ein Weg, einen Gegenstand dem Blick des Menschen zu entziehen, besteht darin, alles Licht von dem betreffenden Objekt fernzuhalten. Moderne Infrarot-Fernsehkameras ermöglichen heute, auch Ereignisse, die in völliger Dunkelheit stattfinden, festzuhalten. In einem abgedunkelten Raum kann ein Gegenstand daher einfach durch das Ausschalten des Lichtes zum Verschwinden gebracht werden; gleichzeitig ist es möglich, das Verhalten des Kindes zu beobachten. Eine derartige Untersuchung wurde von TOM BOWER und JENNIFER WISHART (1972) durchgeführt; sie berichten, daß die Kinder unter diesen Umständen sehr bald in die entsprechende Richtung nach ihrem Spielzeug greifen. Somit werden PIAGETs Behauptungen bezüglich des frühkindlichen Egozentrismus erneut in Frage gestellt.

Welche Erklärung sich letzten Endes als richtig erweist, ist in diesem Fall noch völlig offen; zahlreiche laufende Untersuchungen befassen sich mit diesem Thema. Von BOWER (1972) liegt eine sehr interessante und gut fundierte Darstellung vor, derzufolge die Anfangsschwierigkeiten des Kindes auf Probleme mit den Begriffen der Lage und der Bewegung im Raum zurückzuführen sind. Danach fehlt dem Säugling zunächst das Wissen, daß bei Gegenständen räumliche *Bewegung* möglich ist und es daher sein kann, daß ein und derselbe Gegenstand an verschiedenen Orten auftaucht beziehungsweise daß verschiedene Gegenstände, entweder nacheinander oder ineinander, an derselben Stelle erscheinen. Ab fünf Monaten verfügt der Säugling dagegen über eine gewisse Vorstellung der räumlichen Bewegung und begreift, daß sich ein Gegenstand X von A nach B bewegen kann. Von jetzt an hat das Kind zwar nach wie vor häufig Schwierigkeiten der Art, wie sie PIAGET beschreibt, doch ergeben sich diese aus dem Umstand, daß es noch kein durchgehendes Verständnis der Raumbeziehungen, wie *auf, in, vor* und *hinter*, entwickelt hat. (Es geht hier nicht um das Verständnis der Wörter an sich, sondern um das Erfassen der Relationen, die sie bezeichnen.) Es ist jedoch nicht das völlige Fehlen der Vorstellung einer Welt «anderer Dinge», die sie verursacht.

Unter den «anderen Dingen» in der Welt befindet sich eine Gruppe, die für den Säugling ganz besonders wichtig ist — ob er sich dessen bewußt ist oder nicht: die anderen Menschen.

Die Ansicht, in der frühen Kindheit herrsche ein ausgeprägter Egozentrismus, muß nun unter anderem zu der Vorstellung führen, daß sich der Säugling der besonderen Bedeutung anderer Menschen gar nicht bewußt ist. Er ist unfähig zu echtem Sozialverhalten — unfähig, auf andere Personen bewußt zu reagieren, sich mit ihnen zu verständigen, ihre Absichten zu begreifen. Der überwältigende Eindruck des Erwachsenen, der glaubt, in zwischenmenschlichem Kontakt mit einem Säugling zu stehen, müßte folglich eine Einbildung sein.

PIAGET (1928) räumt allerdings ein, daß das Kind ab einem Alter von sieben oder acht Monaten schon allein durch seinen Gesichtsausdruck klar zu erkennen gibt, daß es sich für andere Menschen interessiert. Nun behauptet PIAGET, um nicht zu sich selbst in Widerspruch zu geraten, im Denken des Kindes erfolge im Prinzip noch immer keine Trennung zwischen den anderen Menschen und dem Rest der Welt. Bezweifeln wir dagegen diesen ausschließlichen Egozentrismus des Säuglings, könnten wir annehmen, daß sein Interesse an anderen Menschen so echt ist, wie es erscheint, und daß bestimmte Formen zwischenmenschlicher Interaktion auch schon in einem frühen Alter zumindest möglich sind —, daß vielleicht in der einen oder der anderen Form eine echte wechselseitige Kommunikation besteht. Aber gibt es diese Kommunikation wirklich? Hier besteht die Gefahr, etwas zu glauben, weil wir es glauben wollen. Für die meisten Erwachsenen ist es emotional befriedigender, sich den Säugling, der ihnen entgegenlächelt, als selbständiges Wesen vorzustellen, als anzunehmen, daß seine Gesten und Laute weitgehend reflexbedingt — nicht mehr als ungezielte Verhaltensmuster ohne jede persönliche Bedeutung — seien. Diesbezüglich ist also Vorsicht angebracht. Dennoch sind viele Forscher nach genauer Beobachtung der Interaktion zwischen Müttern und Säuglingen heute der Überzeugung, daß der Eindruck, der Säugling reagiere auf seine Mutter als Person, keineswegs eine Täuschung sei und daß schon in den ersten Lebensmonaten das Streben nach Kommunikation beginne. JEROME BRUNER (1975) beispielsweise legt Beweismaterial vor, in dem sich die Annahme bestätigt, daß zwischen Erwachsenem und Kind sehr früh ein Zustand wechselseitiger Aufmerksamkeit und Kommunikation entstehen kann. Dieses enge Zusammenspiel, das sich schon früh ausbildet, ist nach Meinung BRUNERS der wesentliche Ausgangspunkt für den Spracherwerb. Ähnliche Ergebnisse und Argumente finden wir bei COLWYN TREVARTHEN, der behauptet, Hinweise aus Filmaufzeichnungen von mehr als hundert Interaktionsfolgen zwischen Müttern und ihren zwei bis drei Monate alten Säuglingen zwängen uns zu dem Schluß, daß sich sogar in diesem Alter bereits eine komplexe Form wechselseitigen Verstehens entwickelt. TREVARTHEN sieht in dieser frühen zwischenmenschlichen Reaktionsbereitschaft die Quelle aller menschlichen Intelligenz.

Sobald das Kind zu sprechen beginnt, steht natürlich die Existenz von Kommunikationsbestrebungen außer Zweifel. Nach Alltagsbeobachtungen scheint die Fähigkeit zu wechselseitiger Kommunikation von diesem Zeitpunkt an sehr rasch zuzunehmen. Doch auch hier sind wir mit der Frage des Egozentrismus konfrontiert.

Tatsächlich wurde der Begriff des Egozentrismus von PIAGET (1926) erstmals im Rahmen der Erörterung seiner Beobachtungen zur Sprache des Vorschulkindes als erklärendes Konzept vorgeschlagen; PIAGET behauptete in diesem Zusammenhang, daß das Kleinkind beim Sprechen «nicht versucht, auf den Standpunkt des Zuhörers einzugehen»[3].

Wiederum geben neuere Arbeiten zu Zweifeln Anlaß. Bezweifelt wird nicht die Feststellung, daß das Kind gelegentlich den Standpunkt anderer nicht berücksichtigt, wohl aber die Behauptung, es könne dies nicht tun. MICHAEL MARATSOS beschreibt eine Untersuchung, in der sich Kleinkinder mit einem Erwachsenen über eine Reihe von Spielsachen unterhalten sollten; im einen Fall konnte der Erwachsene das Spielzeug selber sehen, wohingegen er sich im anderen Fall die Augen mit der Hand zuhielt. (In Wirklichkeit mogelte er und blinzelte zwischen den Fingern durch!) Das Kind hatte nun die Aufgabe, dem Erwachsenen mitzuteilen, welcher der Spiel-

---

[3] Zitat entnommen der deutschen Ausgabe: PIAGET J. Sprechen und Denken des Kindes. Düsseldorf: Schwarm, 1972, (S. 21).

gegenstände auf ein Auto aufzuladen war, das anschließend einen Hügel hinunterrollen sollte. In manchen Fällen — wenn beispielsweise mehrere gleiche Gegenstände an verschiedenen Stellen vorhanden waren — stellte diese Aufgabe an die sprachlichen Fertigkeiten der Kinder beträchtliche Anforderungen. Es war für sie nicht leicht, Hinweise wie: «dasjenige, das dem Auto am nächsten ist» und ähnliche zu formulieren. Wenn der Erwachsene zusehen konnte, lösten die Kinder derartige Probleme vernünftigerweise einfach dadurch, daß sie mit dem Finger auf den entsprechenden Gegenstand zeigten. Waren sie jedoch der Meinung, der Erwachsene könne nichts sehen, so versuchten sie, verbale Beschreibungen zu geben, obwohl ihnen dies große Schwierigkeiten bereitete. Die Kinder zeigten, wie es MARATSOS ausdrückt, viel Einfühlungsvermögen gegenüber der Situation ihres Zuhörers. Die Tatsache, daß in anderen Untersuchungen bei Kleinkindern kein so großes Maß an Einfühlungsvermögen beobachtet wurde, erklärt MARATSOS damit, daß die von ihm verwandte Versuchsaufgabe sehr einfach und für die Kinder leicht verständlich gewesen sei.

In einer Untersuchung zu demselben Thema, die PETER LLOYD (1975) durchführte, wurde den Kindern ein großer Spielzeugkatzenbär als ein Wesen vorgestellt, das «nicht besonders gut sprechen könne» und daher ihre Hilfe brauche, um sich verständigen zu können. (Die vermeintliche Stimme des Bär war in Wirklichkeit die eines Erwachsenen, der sich in einer schalldichten Kabine hinter einem Ein-Weg-Fenster verborgen hielt.) Den Kindern machte es offensichtlich großen Spaß, dem Bär behilflich zu sein; die meisten von ihnen erwiesen sich angesichts seiner Unfähigkeit als sehr sensibel und nahmen im Umgang mit ihm darauf Rücksicht.

LLOYD stellte fest, daß die Kinder, obwohl sie ihrerseits dem Bär zu helfen versuchten, kaum bereit waren, zu sagen, wenn sie selbst seine Hilfe brauchten. Sie machten ihn nur selten darauf aufmerksam, wenn seine Mitteilungen nicht ausreichend waren und verlangten kaum von sich aus nach zusätzlicher Information. Es zeigte sich jedoch, daß viele von ihnen dies ganz gut konnten, wenn sie ausdrücklich dazu ermuntert wurden. Insgesamt ergaben sich also kaum Anzeichen dafür, daß die Kommunikation durch Egozentrismus seitens der Kinder ernstlich behindert gewesen wäre.

Daraus ergibt sich zwangsläufig die Schlußfolgerung, daß die Fähigkeit von Vorschulkindern, ihr Denken zu dezentrieren, — d. h. dem Standpunkt eines anderen Rechnung zu tragen — keineswegs so begrenzt ist, wie von PIAGET lange Jahre hindurch behauptet wurde.

Die Annahme eines ausgeprägten frühkindlichen Egozentrismus aufzugeben, ist allerdings mit weitreichenden Konsequenzen verbunden. Die Bedeutung dieses Schrittes wird verständlicher vor dem Hintergrund neuerer Ergebnisse und Argumente hinsichtlich der Art und Weise, wie Kinder Sprache benutzen und verstehen. Wenden wir uns daher als nächstes diesem Thema zu.

3. Das Erlernen der Sprache

In den letzten Jahren wurde es modern, statt vom *Erlernen* der Sprache vom *Erwerb* der Sprache zu sprechen. Es ist dies das Ergebnis einer «Revolution», die sich, ausgelöst durch die Arbeiten des amerikanischen Linguisten NOAM CHOMSKY (1965), in den Sechzigerjahren dieses Jahrhunderts ereignete.

Im Mittelpunkt von CHOMSKYS Überlegungen zur Entwicklung der Sprachkenntnis des Kindes stand — und steht — die These, daß uns ein bestimmtes Wissen über die Beschaffenheit der Sprache — über den *Charakter* dieses Systems — angeboren sei. CHOMSKY nimmt an, daß wir von Geburt an über eine ganz besondere Sensibilität für jene Merkmale von Grammatiken menschlicher Sprachen verfügen, die «universal» gültig, d.h. nicht auf eine der Einzelsprachen beschränkt sind. Dies soll uns in die Lage versetzen, die spezifische Ausprägung jener Merkmale in der jeweiligen Sprache, mit der wir es zu tun haben — sei dies Chinesisch, Finnisch, Hebräisch oder eine andere — sehr rasch zu erkennen und zu begreifen.

Beachtenswert an diesem Ansatz ist vor allen Dingen, daß die Betonung auf der *Grammatik* liegt. Im Zentrum der Betrachtung steht die Frage, wie das Kind seine Kenntnis der Struktur der Sprache erwirbt — also der Regeln, die bestimmen, in welcher Weise die Einzelwörter zu akzeptablen Äußerungen verknüpft werden können.

Dieses Thema war bis dahin im Rahmen der Untersuchung der Kindersprache kaum beachtet worden. CHOMSKYS Arbeiten bewirkten nun unvermittelt so großes Interesse an dieser Frage, daß die meisten anderen Aspekte des Spracherlernens eine Zeitlang völlig außer acht gelassen wurden. Die Untersuchungen, zu denen dieses neu erwachte Interesse Anlaß gab, schienen zunächst die Behauptung zu bestätigen, daß Kinder die Grammatik ihrer Sprache bereits sehr früh beherrschen. Das Beherrschenlernen erfolgt dabei anscheinend in der Weise, daß das Kind die Regeln der Grammatik tatsächlich für sich selbst formuliert. Große Bedeutung wurde in diesem Zusammenhang den Fehlern der Kindersprache beigemessen, die diese Regelbildung in manchen Fällen deutlich zutage treten lassen. Ein Kind, das «ich bringte es» sagte, mußte für sich (in

gewisser Weise, wenngleich vermutlich nicht bewußt) die Regel formuliert haben, daß die Vergangenheit des Zeitwortes durch Anfü-
gen der Endung -te an die Gegenwartsform gebildet würde. Der
Fehler entstand dann einfach daraus, daß das Kind die Regel in
Unkenntnis der Ausnahmen zu allgemein anwendete. Es war jedenfalls völlig klar, daß es den Ausdruck: «ich bringte es» auf dem
Weg direkter Nachahmung gelernt haben konnte, da derartige Fehler bei Erwachsenen wohl äußerst unwahrscheinlich sind.

In diesem Zusammenhang war es besonders interessant, zu beobachten, daß manche Kinder zuerst richtigerweise «ich brachte»
sagten und erst später die richtige Form eine Zeitlang zugunsten der
falschen aufgaben. Daraus schien eindeutig hervorzugehen, daß
der aktive Aufbau der eigenen Grammatik einen Prozeß darstellt,
der sich über andere Formen des Lernens hinwegsetzen könne[1]. In
der Forschung zur Kindersprache wurde nun mit viel Zeitaufwand
versucht, die jeweilige Grammatik zu bestimmen, die das Kind auf
einer bestimmten Stufe seiner Entwicklung benutzt. Zu diesem
Zweck sammelte man zunächst möglichst viele sprachliche Äußerungen des Kindes; dann wurde versucht, anhand dieses Basismate-
rials, Regeln aufzudecken, nach welchen jene Äußerungen möglicherweise gebildet wurden.

Neben all diesen Bemühungen wurde der Frage, was das Kind
mit seinen Äußerungen meinte, kaum Beachtung geschenkt —
ganz zu schweigen von der Frage nach seiner Fähigkeit, die Worte
anderer zu verstehen. Es herrschte jedoch weitgehende Übereinstimmung bezüglich der Annahme, daß sich sein Sprachverständnis
im allgemeinen rascher entwickle als seine Ausdrucksfähigkeit.
«Das Verstehen kommt vor dem Sprechen», war der Slogan. Diese
Annahme schien nicht nur dem gesunden Menschenverstand zu
entsprechen, sondern auch von den zu diesem Thema vorliegenden
Untersuchungen im wesentlichen bestätigt zu werden. (Siehe dazu
auch die Diskussion in Kap. 6, S. 80—83.)

Wie bedeutsam diese Arbeiten zur Kindergrammatik vor einem

---

[1] Eine weitere Beobachtung an einem deutschen Kind, die dem Herausge-
ber mitgeteilt wurde, demonstriert diesen Sachverhalt: Ein 3½jähriges
Mädchen gebrauchte den Ausdruck «ich ging» zuerst richtig, ersetzte ihn
dann durch «ich gehte». Nach Verbesserung durch die Mutter betonte es
hartnäckig «ich gingte» — ein Versuch des Kindes, die selbstgebildete Regel anzuwenden und durchzusetzen.

Jahrzehnt erscheinen mußten, läßt sich erst ermessen, wenn sie vor dem Hindergrund der damaligen Vorstellungen bezüglich verschiedener anderer Aspekte der Entwicklung des Denkens betrachtet werden. Besonders wichtig ist dabei der Bezug zu den Arbeiten von PIAGET und vor allem zu seiner Behauptung, daß Kinder bis zu dem Alter von sieben Jahren nur über sehr begrenzte Fähigkeiten im schlußfolgernden Denken verfügen. Es wurde bereits festgestellt, daß das Vorschulkind laut PIAGET nicht weiß, wie ein Gegenstand aussieht, wenn man ihn von der anderen Seite aus betrachtet. Hier noch zwei weitere Beispiele der beschränkten Fähigkeiten von Vorschulkindern: Gießt man eine bestimmte Menge Wasser von einem Gefäß in ein anderes, zwar gleichgroßes, aber unterschiedlich geformtes Gefäß um, so glaubt das Kind, daß sich die Wassermenge ändert. Auch vermag ein Vorschulkind nach PIAGET die folgende Beziehung dreier Stäbchen kaum zu begreifen — eines roten, das länger ist als ein gelbes, welches wiederum länger ist als ein blaues — nämlich, daß das rote Stäbchen auch länger sein muß als das blaue.

Um die Mitte der Sechzigerjahre lag bereits eine große Zahl von Untersuchungen aus PIAGETS Genfer Institut vor, die alle zu derselben Schlußfolgerung führten: Bis zu dem Alter von sieben Jahren sei das Kind in intellektueller Hinsicht sehr beschränkt; es besitze zwar eine Reihe praktischer Fertigkeiten, die es in rascher Folge innerhalb der ersten achtzehn Monate seines Lebens erwerbe, doch ein großer Denker sei es nicht.

Diese Arbeiten PIAGETS und seiner Mitarbeiter erreichten während der Sechzigerjahre den Höhepunkt ihres Einflusses. Sie waren außerordentlich bekannt und wurden in weiten Kreisen akzeptiert.

Vor diesem Hintergrund war es nun aufsehenerregend, zu behaupten, das Kind sei ein Grammatiker. Wie sollte ein Kind, das einerseits bei vielem, was Erwachsenen ganz einfach und offensichtlich scheint, völlig verwirrt war, andererseits in der Lage sein, die Regeln eines so komplexen Systems wie der menschlichen Sprache nachzuvollziehen?

Auf diese Frage bot CHOMSKY folgende Antwort an: Das Kind müsse über eine äußerst *spezifische* Prädisposition für das Begreifen eines derartigen Systems verfügen. Es müsse von Geburt an mit einem «Spracherwerbsmechanismus» (*language acquisition device = LAD*) ausgestattet sein.

Es ist keineswegs meine Absicht, den Eindruck zu erwecken, CHOMSKY sei unmittelbar von PIAGETS Arbeiten beeinflußt gewesen, als er den Spracherwerbsmechanismus postulierte. Ich glaube jedoch, daß CHOMSKYS Behauptungen für viele Psychologen durch die Betrachtung im Lichte von PIAGETS Ergebnissen umso interessanter und eindrucksvoller wurden. Andererseits steht PIAGETS Theorie in vielerlei Hinsicht im Widerspruch zu CHOMSKYS Standpunkt. Den Beziehungen zwischen den beiden Standpunkten gerecht zu werden, wäre eine buchfüllende Aufgabe.

Dieser Spracherwerbsmechanismus (*LAD*) wurde als eine Art schwarzer Kasten dargestellt. In diesen «Kasten» (der vermutlich irgendwo im Bereich des Zentralnervensystems vermutet wurde, wenn auch nicht wirklich in Gestalt eines Kastens) sollen auf dem Weg über das Gehör des Kindes sprachliche Daten eingehen — Daten, die sehr oft nur zusammengestoppelte Bruchstücke der Gespräche darstellen, die das Kind in seiner Umgebung hört. Dieser Mechanismus soll jedoch so genau auf die zentralen Merkmale der menschlichen Sprache abgestimmt sein, daß er auch aus diesem ungenügenden Material die Regeln der Grammatik abzuleiten vermag; es wird ferner angenommen, daß er so empfindlich und so gut angelegt ist, daß er fast unmittelbar die richtigen Hypothesen bezüglich dieser Regeln aufstellen kann.

Diese Vorstellung erwies sich als außerordentlich verlockend. Es gab kaum jemand in den betroffenen Disziplinen, der nicht zumindest eine Zeitlang ihrem verführerischen Einfluß erlag. Als eine der Konsequenzen ergab sich eine deutliche Trennung zwischen dem Menschen und den übrigen Säugetieren, bei denen ein derartiger Mechanismus zweifellos nicht vorhanden war. Der Gedanke, daß sich der Mensch durch seine Fähigkeit zum Spracherwerb von anderen Lebewesen unterscheide, war an sich nicht neu. Doch lieferte die Vorstellung von einem besonderen Spracherwerbsmechanismus des Menschen der alten Apartheid einen neuen Anhaltspunkt.

Zugleich hatten im Juni 1966 zwei amerikanische Psychologen, ALLEN & BEATRICE GARDNER, bereits mit dem scheinbar hoffnungslosen Unternehmen begonnen, einem Schimpansen namens Washoe die amerikanische Taubstummen-Zeichensprache (*American Sign Language*) beizubringen — ein Unterfangen, das sich in der Folge als gar nicht so aussichtslos erwies.

CHOMSKY formulierte seinen Standpunkt im Jahre 1965 folgendermaßen:

«Die Spracherlernung beruht offenbar darauf, daß das Kind das erwirbt, was unter formalem Gesichtspunkt *eine tiefe und abstrak-*

te Theorie ist — eine generative Grammatik seiner Sprache —, deren Begriffe und Prinzipien zum großen Teil *nur entfernt* und über lange und komplizierte Ketten unbewußter, quasi schlußfolgernder Schritte *mit der Erfahrung verbunden* sind.» (Hervorhebungen von der Autorin.) [2]

Vor CHOMSKY war die enge Verbindung von Spracherwerb und Erfahrung hervorgehoben worden. Diese Betonung kehrt nun wieder, jedoch in ganz anderer Form.

In den Dreißiger-, Vierziger- und Fünfzigerjahren dieses Jahrhunderts herrschte eine Auffassung des Spracherlernens vor, die zu jener Zeit in ihren groben Zügen so gut wie unumstritten war. Es existierten zwar viele Spielarten dieser Theorie, doch sie enthielten alle den gemeinsamen Grundgedanken, daß ein Wort seine Bedeutung dadurch erhält, daß es *gleichzeitig mit* dem «Ding», das es bezeichnet oder *für das es steht,* erscheint. Die Sprache wurde als ein weitverzweigtes Netz assoziativer Verbindungen getrennter Elemente — einzelner Wörter und einzelner «Dinge» — verstanden. Dementsprechend war die Sprachlerngeschichte des Kindes die Geschichte der Bildung und Festigung dieser Verbindungen. Wie dieser Prozeß in Gang kommen könnte, wurde manchmal in der folgenden Weise beschrieben:

Wenn eine Mutter ihr Kind versorgt, tut sie dies im allgemeinen in Verbindung mit sprachlichen Äußerungen. Der Säugling wiederum hat die angeborene Tendenz, spontan aufs Geratewohl Laute von sich zu geben. Einzelne dieser Lautäußerungen sind jenen seiner Mutter ähnlich. Sie werden daher auch mit der Erleichterung und Befriedigung assoziiert, die ihre Gegenwart für das Kind mit sich bringt. Nun neigt der Säugling immer mehr dazu, diese Laute öfter als andere aus seinem Repertoire zu produzieren — bis er schließlich feststellt, daß diese Laute nicht nur ihn befriedigen, sondern darüberhinaus bei seinen Eltern erwünschte Reaktionen auslösen. Damit beginnt das Kind, die Laute zu *verwenden*.

Es ist an dieser Stelle nicht sinnvoll, näher darauf einzugehen, auf welche Weise Psychologen versuchten, von der einen oder der anderen Version des assoziationstheoretischen Standpunktes ausgehend, die gesamte Sprachentwicklung in all ihrer Vielfalt und

---

[2] Zitat entnommen der deutschen Ausgabe: CHOMSKY, N.: Aspekte der Syntaxtheorie. Frankfurt/Main: Suhrkamp, 1969 (S. 81).

Wandlungsfähigkeit zu erklären. Ihre Versuche erwiesen sich in manchen Fällen als außerordentlich einfallsreich. Sie erzielten damit einzelne Teilerfolge, die zunächst vielversprechend schienen. Doch letztlich scheiterten sie alle.

Die «chomskysche» Revolution war ein Aufstand gegen diese theoretische Position; CHOMSKYS Kritik an der Bedeutung der Erfahrung war das Banner, um das sich die Rebellen scharten. Ist das Kind mit einem Spracherwerbsmechanismus ausgestattet, so braucht es die Erfahrung zwar, um gewisse Prozesse in Gang zu setzen, die dann aber weitgehend erfahrungsunabhängig ablaufen.

In den Siebzigerjahren hat nun ein neuer Aufstand begonnen. Er verläuft weniger stürmisch und besitzt keinen herausragenden Führer. Aber er gewinnt zunehmend an Bedeutung.

Im Jahre 1972 schrieb JOHN MACNAMARA einen Aufsatz, in dem er CHOMSKYS Argument vom Spracherwerbsmechanismus ins Gegenteil verkehrte. An die Stelle der Behauptung, Kinder besäßen einen «Erwerbsmechanismus», dessen Inhalt ganz auf die Sprache zugeschnitten sei, so daß der Spracherwerb allen anderen intellektuellen Fähigkeiten weit vorauseile, setzte MACNAMARA die Vermutung, daß Kinder gerade deshalb zum Erlernen der Sprache fähig seien, weil sie über gewisse andere Fähigkeiten verfügen — insbesondere über eine relativ gut entwickelte Fähigkeit, bestimmte Situationen direkter zwischenmenschlicher Interaktion zu erfassen und zu begreifen.

Um zu erläutern, was hier gemeint ist, sei folgende Szene betrachtet: Eine Deutsche befindet sich in Gesellschaft einer Araberin und deren beider Kinder — eines siebenjährigen Knaben und eines dreizehn Monate alten Mädchens, das gerade erst gehen lernt und noch Angst hat, mehr als ein paar Schritte auf einmal ohne fremde Hilfe zu machen. Die Deutsche spricht kein Arabisch, die Araberin und ihr Sohn sprechen kein Deutsch. Das kleine Mädchen spaziert nun zu der Deutschen und wieder zurück zu seiner Mutter. Dann dreht es sich um, als wollte es nochmals auf die deutsche Frau zugehen. Diese lächelt jedoch, zeigt auf den Knaben und sagt: «Geh' jetzt zu deinem Bruder.» Sogleich breitet der Knabe, der *die Situation erfaßt,* obwohl er von der Sprache nichts versteht, seine Arme aus. Das kleine Mädchen lächelt, ändert seine Richtung und geht auf den Bruder zu. Wie das ältere Kind scheint es die Situation voll und ganz begriffen zu haben.

Diese Ereignisse fanden tatsächlich in der von mir beschriebenen Weise statt. Das Entscheidende an dieser Szene ist, daß die Worte: «Geh' jetzt zu deinem Bruder» dem Verlauf der Interaktion ganz genau entsprachen. Für alle Beteiligten war die Situation insofern verständlich, als sie die Absichten der anderen erfassen konnten. Die Worte wären nicht nötig gewesen, wurden aber ausgesprochen; innerhalb der Interaktionssituation, in der sie geäußert wurden, war ihre Bedeutung mit großer Sicherheit vorhersagbar. Was die einzelnen Personen meinten, war ganz klar. Was ihre Worte bedeuteten, konnte im Prinzip daraus abgeleitet werden.

Es ist offensichtlich, daß hier so etwas wie eine Assoziation zum Tragen kommt — und diese für unsere Darstellung des Geschehens sogar unentbehrlich ist. Es ist möglich, die Bedeutung der Worte zu erschließen, weil sie *gleichzeitig mit* bestimmten nichtsprachlichen Ereignissen auftreten. Hier endet jedoch bereits jede Ähnlichkeit zu den alten assoziationstheoretischen Darstellungen. Die Erklärung ist ihrem ganzen Wesen nach eine andere, da sie eine völlig andere Auffassung vom Denken des Menschen beinhaltet.

Der alten Auffassung zufolge wurden die Assoziationen auf ganz mechanische und automatische Weise gebildet. Sie stellten Verbindungen zwischen Einzelelementen dar. Die Person, in der sich diese Verbindungen entwickelten, verhielt sich dabei passiv. Es geschah etwas mit ihr und daraus ergab sich beispielsweise die Verknüpfung eines Wortes mit einem Ding. Die Assoziationen entstanden zuerst; «Bedeutung» war dann das Ergebnis des (Konditionierungs-)Prozesses, in dessen Verlauf die Assoziationen gebildet wurden.

Diese neuere Darstellung unterscheidet sich von der alten in ganz grundlegender Weise. Als wichtigstes Element gilt nunmehr das Erfassen der Bedeutung — die Fähigkeit, die Dinge und vor allem die Handlungen von Menschen, wozu natürlich auch deren Sprachäußerungen zählen, zu verstehen und zu begreifen. Nach dieser Betrachtungsweise ist es die Fähigkeit, Situationen zu deuten, die es dem Kind ermöglicht, durch einen aktiven Prozeß der Hypothesenprüfung und des Schlußfolgerns Sprachkenntnis zu erlangen.

Eine wichtige Voraussetzung muß jedoch erfüllt sein, wenn diese Darstellung zutreffen soll: das Kind muß generell zu schlußfolgerndem Denken in der Lage sein. Denn es wird nun nicht mehr davon ausgegangen, daß die Fähigkeiten beim Erlernen der Sprache für diese Aufgabe spezifisch seien. Im Gegenteil, das Erlernen der Sprache wird nun eng verbunden mit allen anderen Formen des Lernens dargestellt.

Möglicherweise ist das Erlernen der Sprache lange Zeit hindurch weit unauflösbarer mit nichtsprachlichen Aspekten verwoben, als in dem bisher Gesagten zum Ausdruck kommt. Der Weg von einem ersten Verstehen dessen, was Menschen mit ihren Worten und den sie begleitenden Verhaltensweisen meinen, bis hin zu einem endgültigen Verstehen der Bedeutung der einzelnen *Wörter* könnte sich als sehr lang erweisen. Vielleicht ist die Vorstellung, daß Wörter — als solche — etwas bedeuten, eine spezifisch westliche, hochintellektuelle Erwachsenenidee.

HEINZ WERNER berichtet von einem Forschungsreisenden, der die Sprache eines nordamerikanischen Indianerstammes untersuchte und einen Indianer bat, den Satz: «Der weiße Mann erlegte heute sechs Bären» in seine Sprache zu übersetzen. Der Indianer antwortete darauf, daß dies nicht möglich sei. Der Forscher war verblüfft und bat um eine Erklärung. «Wie sollte ich das übersetzen?» sagte der Indianer. «Kein weißer Mann kann an einem einzigen Tag sechs Bären erlegen.»

Für den Erwachsenen der westlichen Welt, insbesondere wenn er zugleich Linguist ist, stellen Sprachen formale Systeme dar. Ein formales System kann in formaler Weise gehandhabt werden. Von da ist es ein kleiner, aber gefährlicher Schritt zu der Schlußfolgerung, daß es auch auf formalem Weg erlernt werde.

Bei CHOMSKYS *LAD* handelt es sich um eine formale Datenverarbeitungsmaschine, die auf ihre Weise genauso automatisch und mechanisch funktioniert wie die von den Assoziationstheoretikern angenommenen Prozesse. An einem Ende wandern die sprachlichen Daten hinein, am anderen Ende kommt die Grammatik heraus. Das Kind als lebendiges Wesen scheint in beiden Fällen nicht sehr aktiv (geschweige denn umfassend) an dem Geschehen beteiligt zu sein. Was bedeutet schon das warme Blut in seinen Adern? In manchen assoziationstheoretischen Darstellungen tritt es sogar stärker in Erscheinung als in der Betrachtungsweise CHOMSKYS.

4. Unfähig, zu denken oder unfähig, zu verstehen?

Der Ausdruck «deduktive Schlußfolgerung» klingt entmutigend; doch im Grunde ist Deduktion etwas ganz Einfaches. Sie bedeutet die Schlußfolgerung, daß die Richtigkeit eines Sachverhaltes die Richtigkeit eines anderen nach sich zieht.

Hier ein Beispiel: Wenn in einer roten Schachtel mehr Bonbons sind als in einer grünen, und wenn in der grünen Schachtel mehr Bonbons sind als in einer blauen, dann sind in der roten Schachtel mehr Bonbons als in der blauen Schachtel. Dieser Schluß ist jedem normalen Erwachsenen selbstverständlich.

Der Kern der Sache läßt sich auf verschiedene Arten darstellen. Durch die Richtigkeit der ersten beiden Aussagen, der Prämissen, wird die Richtigkeit der dritten Aussage — der Schlußfolgerung — *notwendig*. Wenn die ersten beiden Aussagen wahr sind, dann ist nichts anderes *möglich,* als daß die dritte ebenfalls wahr ist. Die Richtigkeit der ersten beiden Aussagen ist mit der Unrichtigkeit der dritten nicht *vereinbar.*

Die zentralen Begriffe sind also Vereinbarkeit, Möglichkeit und Notwendigkeit. Ohne ein gewisses Verständnis dieser Begriffe ist Deduktion nicht möglich. (Dabei ist es freilich keineswegs erforderlich, diese Termini zu kennen oder sich über die dahinterliegenden Vorstellungen Gedanken gemacht zu haben.)

Zwischen den Begriffen der Vereinbarkeit, der Möglichkeit und der Notwendigkeit besteht ein enger Zusammenhang, doch gibt es Gründe für die Annahme, daß der Begriff der Vereinbarkeit von allen der wesentlichste ist. Eine Vorstellung von Vereinbarkeit beziehungsweise Unvereinbarkeit zu haben, bedeutet, zu verstehen, daß wir in einer Welt leben, in der die Existenz eines Zustandes die Existenz eines anderen ausschließen kann. Dies ist so grundlegend, daß keine «wirkliche Welt» vorstellbar ist, in der dies nicht gelten würde.

Wenn ein Gegenstand ein Baum ist, kann er nicht zugleich ein Flugzeug sein; wenn er ein Kreis ist, kann er nicht auch ein Quadrat sein; wenn er größer ist als ein anderer Gegenstand, kann er nicht gleichzeitig kleiner sein als dieser Gegenstand.

Sobald die Sprache zur Beschreibung der Welt verwendet wird

— und sei es auch nur ansatzweise — ergibt sich die Frage der Vereinbarkeit. Die Verwendung von irgendeiner Form der Sprache zur Formulierung deskriptiver Aussagen setzt bis zu einem gewissen Grad die Erkenntnis voraus, daß bestimmte Zustände nicht gleichzeitig existieren können. Sobald ein Kind einen Gegenstand durch die Äußerung «Da, Wauwau!» als Hund identifiziert, ist seine Aussage mit einer unendlichen Zahl anderer möglicher Aussagen unvereinbar. Etwas zu behaupten, heißt zugleich, etwas anderes zu verneinen. Hätte das Kind dies nicht in gewissem Sinn erkannt, so könnte es weder sinnvolle Aussagen treffen, noch verstehen, was andere Leute meinen, wenn sie mit ihm sprechen. Andererseits ist die Aussage: «Da, Wauwau!» offensichtlich mit vielen anderen durchaus *vereinbar* — zum Beispiel mit den folgenden: «Das ist braun.»; «Das ist groß.»; «Das ist ein Spaniel.» Für das Kind geht es darum, zu lernen, welche Aussagen vereinbar sind und welche nicht.

Die allererste Erkenntnis dessen, was durch eine Äußerung *ausgeschlossen wird,* scheint noch sehr vage zu sein. Und es dürfte einige Zeit dauern, bis das grundsätzliche Verständnis dafür, daß bestimmte Dinge nicht gleichzeitig auftreten können, als Mittel zur Wissenserweiterung eingesetzt wird. Denn darin besteht in der Praxis der Nutzen der deduktiven Vorgehensweise: Sie bedeutet, daß wir manche Dinge wissen können, ohne sie unmittelbar prüfen zu müssen. Bestimmte Informationen vorausgesetzt, können wir gewisser anderer Dinge sicher sein, für die wir keinen direkten Beweis haben, solche Dinge, die wir vielleicht nicht verifizieren, auf die wir uns aber dennoch verlassen können. Für ein Lebewesen, das sich in einer komplexen Welt zurechtfinden muß, ist dies zweifellos eine äußerst wertvolle Fähigkeit. Und die Entwicklung dieser Fähigkeit ist für jeden, der die Entwicklung des Denkens untersucht, von größtem Interesse.

Wenn hier behauptet wird, ein gewisses Verständnis von Vereinbarkeit beziehungsweise Unvereinbarkeit sei unerläßlich für das deduktive Schließen, so bedeutet dies natürlich nicht, daß dies die einzige notwendige Voraussetzung wäre. PIAGET vertritt die Ansicht, die Entwicklung der Fähigkeit zur Dezentrierung sei dafür entscheidend. Er behauptet, schlußfolgerndes Denken setze die Fähigkeit zur flexiblen Veränderung des eigenen Betrachtungsstandpunktes voraus.

Um PIAGETS Überlegung zu erläutern, sei eine von ihm ent-wickelte Testaufgabe betrachtet, die sich auf ein Problem bezieht, das Logiker von alters her beschäftigt: die Beziehung einer Klasse von Gegenständen zu ihren Unterklassen. Im Prinzip kann jede Klasse auf vielerlei Art und Weise in Unterklassen unterteilt wer-den. So ließ sich die Klasse der Spielsachen beispielsweise einteilen in solche, die Tiere darstellen (Teddybären etwa), und solche, für die das nicht zutrifft. Angesichts solcher Unterteilungen sind ver-schiedene einfache Schlußfolgerungen möglich — so zum Beispiel, daß alle Spielzeugtiere Spielsachen sind, daß manche (aber nicht al-le) Spielsachen Spielzeugtiere sind und so fort. Die grundlegende Schlußfolgerung ist jedoch die, daß im Falle von zwei oder mehr Unterklassen, von denen jede zumindest ein Element enthält, die Anzahl der Elemente in der Oberklasse größer sein muß als die An-zahl in irgendeiner der Unterklassen; die Anzahl aller Spielsachen muß also größer sein als die der Spielzeugtiere.

All dies scheint — zumindest für gewisse einfache Schlußfolge-rungen — völlig selbstverständlich. Aber ist es das auch für ein Kind? PIAGET behauptet, daß derartige Schlüsse für Kinder bis zu dem Alter von sechs oder sieben Jahren keineswegs selbstverständ-lich seien. Seine Behauptung begründet er in der nun folgenden Weise:

Dem Kind wird eine Anzahl vertrauter Gegenstände gezeigt — ein Strauß Blumen zum Beispiel oder eine Reihe von Perlen. Die Gegenstände müssen sich ganz offensichtlich in zwei Unterklassen aufteilen lassen: ein Teil der Blumen muß rot, der andere weiß, ein Teil der Perlen aus Holz, der andere aus Plastik sein und so weiter. In der üblichen Version der Testaufgabe sollten außerdem die bei-den Unterklassen eine unterschiedlich große Anzahl von Elemen-ten enthalten (PIAGET 1952; PIAGET & INHELDER 1956).

Stellen wir uns vor, es seien vier rote und zwei weiße Blumen vor-handen. Die Frage, die das Kind beantworten soll, lautet nun: «Gibt es mehr rote Blumen oder mehr Blumen?» Ein etwa fünfjäh-riges Kind sagt hierauf gewöhnlich, daß es mehr rote Blumen gebe.

Dieses Ergebnis löste heftige Debatten aus und gab zu zahlrei-chen weiterführenden Untersuchungen Anlaß. Zunächst sei jedoch PIAGETS eigene Erklärung betrachtet.

PIAGET weist darauf hin, daß dasselbe Kind auf die Frage, was übrig wäre, wenn die roten Blumen weggenommen würden, ohne

Zögern antwortet: «die weißen Blumen»; wird es gefragt, was noch bliebe, wenn alle Blumen entfernt würden, so sagt es: «nichts». Es scheint also zu verstehen, was diese Ausdrücke bedeuten und auch in gewisser Weise zu begreifen, daß die Gesamtmenge größer ist als die Teilmenge. Aber diese neue Form der Fragestellung ermöglicht es ihm, die Oberklasse (die Blumen) und die Unterklasssen (die roten und die weißen Blumen) nacheinander zu betrachten. Die erste Frageformulierung (Gibt es mehr Blumen oder mehr rote Blumen?) hingegen zwingt es, sie gleichzeitig zu berücksichtigen. PIAGET behauptet nun, ein Kind, das sein Denken auf die Oberklasse *zentriere*, sei nicht in der Lage, zur gleichen Zeit die Einzelteile zu betrachten, aus denen sich diese zusammensetzt. Der scheinbar einfache Vergleich zwischen dem Ganzen und seinen Teilen sei daher nicht möglich. Dem Kind fehle die spezielle geistige Flexibilität, die dazu nötig wäre. Sein Denken bestehe noch immer in einer Abfolge von Einzelperspektiven, die es kaum zu Schlußfolgerungen koordinieren könne (siehe Seite 23).

Diese Unfähigkeit ist nach PIAGET genereller Art. Die Reaktion des Vorschulkindes im Versuch zur «Klasseninklusion» stellt für ihn lediglich ein mögliches Beispiel einer außerordentlich bedeutsamen und weitreichenden Beschränktheit dar, die es ungefähr im Alter von sieben Jahren überwindet, wenn sein Denken, in PIAGETS Terminologie, «operational» wird. (Die Bezeichnung «operational» ist bei PIAGET als Terminus technicus zu verstehen.)

Wir stellen bereits fest, daß mit Recht daran zu zweifeln ist, daß Kinder tatsächlich so schwerwiegende und umfassende Schwierigkeiten haben, ihr Denken zu dezentrieren, wie PIAGET behauptet. Aber keine der bisher erörterten Untersuchungen befassen sich mit jenen Aufgaben, die nach PIAGET als Kriterien für das Auftreten operationalen Denkens gelten könnten. Es wäre durchaus möglich, daß dem Kind in einer Aufgabe wie jener zur Klasseninklusion die Dezentrierung seines Denkens schwer fiele, nicht hingegen in anderen Zusammenhängen. Es ist daher erforderlich, genau diese Art der Aufgabe zu untersuchen. JAMES MCGARRIGLE (1974) führte vor einigen Jahren eine Reihe sehr aufschlußreicher Versuche durch, um zu ermitteln, ob PIAGETS Erklärung einer strengen Prüfung standhält.

Es bestehen kaum Zweifel darüber, was das Kind tatsächlich *tut*, wenn es den üblichen Fehler macht und sagt, es seien mehr rote

48

Blumen vorhanden als Blumen insgesamt: es vergleicht die Unterklassen untereinander. In den spontanen Kommentaren der Kinder wird dies oft ganz deutlich; sie stellen beispielsweise fest: «Mehr rote Blumen, weil es nur zwei weiße gibt» und ähnliches mehr. Die Frage ist nun, weshalb das Kind Unterklasse mit Unterklasse vergleicht. Tut es dies, weil *es nicht in der Lage* ist, zwischen Unter- und Oberklasse einen Vergleich zu ziehen? Oder vergleicht es die beiden Unterklassen, weil es glaubt, daß dies von ihm erwartet wird? Handelt es sich einmal mehr um ein *Versagen der Kommunikation?*

Es wäre auch denkbar, daß es zwar versteht, was zu tun ist — und dazu auch fähig wäre — sich aber dennoch anders verhält, weil es nicht bereit ist, den Spielregeln des Versuchsleiters zu folgen. Dies mag in einzelnen Fällen zutreffen, doch lassen die Kinder selten Launen dieser Art erkennen. Es ist eigentlich erstaunlich, mit welch großer Bereitwilligkeit sie im allgemeinen alle an sie gestellten Anforderungen zu erfüllen suchen.

Sollte die letztere Erklärung zutreffen, so müßte es möglich sein, Darbietungsformen zu finden, die die Aufgabe erleichtern oder erschweren würde; dabei ließe sich zugleich feststellen, was dazu führt, daß das Kind gestellte Fragen falsch deutet.

Es ist nun zu beachten, daß auch ein Erwachsener diese Frage im ersten Augenblick leicht mißverstehen kann. Aber es bedarf in seinem Fall nur einer Wiederholung — vielleicht mit besonderer Betonung des Wortes *Blume* — um den Irrtum zu beseitigen. Bei kleinen Kindern reicht dies gewöhnlich nicht aus, um ein verändertes Verständnis zu bewirken. Dennoch liegt die Vermutung nahe, daß eine verstärkte Betonung der Oberklasse — und ebenso eine verringerte Betonung des Gegensatzes zwischen den Unterklassen — hilfreich sein könnte.

McGarrigle untersuchte beide Möglichkeiten. Zur Prüfung der ersten benützte er vier Spielzeugkühe: zwei schwarze und eine weiße. Er legte alle Kühe auf die Seite und erklärte dazu, daß sie «schlafen». Der Versuch diente nun dem Vergleich zweier verschiedener Frageformulierungen:

1. Gibt es mehr schwarze Kühe oder mehr Kühe?
   (die Standardfrageform bei Piaget)
2. Gibt es mehr schwarze Kühe oder mehr schlafende Kühe?

Die Kühe lagen bei beiden Fragen «schlafend» auf der Seite, so daß die Situation mit Ausnahme des Wortlautes der Frage jeweils identisch war. MᴄGᴀʀʀɪɢʟᴇ ging von der Überlegung aus, daß durch die Hinzunahme des Adjektives «schlafend» die Oberklasse stärker betont würde.

Das Durchschnittsalter der Kinder lag bei sechs Jahren. Frage 1 wurde von 25% aller Kinder (d. h. 12 Kindern) richtig beantwortet, während auf Frage 2 48% der Kinder (d. h. 23 Kinder) richtige Antworten gaben. Der Unterschied war statistisch signifikant, da die Wahrscheinlichkeit, dieses Ergebnis allein aufgrund des Zufalls zu erhalten, lediglich 1% beträgt. In einer weiteren Untersuchung wurden ähnliche Werte ermittelt. Demnach beeinflußte die Variation der Frageformulierung, etwa durch stärkere Betonung der Oberklasse, den Schwierigkeitsgrad der Aufgabe.

Um die Auswirkungen einer unterschiedlichen Betonung des Gegensatzes zwischen den Unterklassen zu untersuchen, verwendete MᴄGᴀʀʀɪɢʟᴇ anderes Versuchsmaterial. Es bestand in diesem Fall aus einem kleinen Teddybären, einem Puppentisch und einem Puppenstuhl, die in einer Reihe angeordnet waren. Vier Scheiben, die als «Schritte» bezeichnet wurden, trennten den Teddybären vom Stuhl; zwischen dem Stuhl und dem Tisch lagen weitere zwei Scheiben, wie aus der Graphik ersichtlich ist:

Dieses Material bot MᴄGᴀʀʀɪɢʟᴇ eine Reihe von Vorteilen. Der wichtigste Vorteil war, daß der Wahrnehmungskontrast zwischen den Unterklassen variiert werden konnte. (Es konnten alle Schritte in der gleichen Farbe sein oder aber die Schritte vom Teddy bis zum Stuhl in einer anderen Farbe als jene vom Stuhl bis zum Tisch.) Zugleich war es möglich, die Art, wie auf die Schritte Bezug genommen wurde, zu manipulieren, entweder mit oder ohne Erwähnung der Farbvariablen. So konnte der Einfluß von Variablen der Wahrnehmung und der sprachlichen Formulierung miteinander verglichen werden.

Im ersten Experiment, das MᴄGᴀʀʀɪɢʟᴇ anhand dieses Materials durchführte, waren die vier Schritte bis zum Stuhl rot, die beiden anderen weiß. Dem Kind wurde gesagt, daß der Teddy diese Schritte jedesmal zurücklege, wenn er zu seinem Stuhl beziehungsweise zu seinem Tisch gehe. Zwei verschiedene Formulierungen werden verwendet:

1. Sind mehr rote Schritte bis zum Stuhl zu gehen oder mehr Schritte bis zum Tisch zu gehen?
2. Sind mehr Schritte bis zum Stuhl zu gehen oder mehr Schritte bis zum Tisch zu gehen?

Aus einer Gruppe von 32 Kindern gaben auf die erste Frage 38% (d. h. 12 Kinder) die richtige Antwort, wohingegen die zweite Frage von 66% (d. h. 21 Kindern) richtig beantwortet wurde. Dieser Unterschied war statistisch signifikant, da die Zufallswahrscheinlichkeit für ein derartiges Ergebnis nur 2% beträgt.

Bei diesem Versuch war in beiden Fällen ein Wahrnehmungskontrast gegeben, doch wurde dieser nur in einer Form der Fragen angesprochen.

Sehen wir uns nun an, was geschieht, wenn kein Wahrnehmungskontrast vorhanden ist. Auch wenn alle Schritte weiß sind, besteht immer noch die Möglichkeit, das Farbadjektiv im einen Fall in die Frage einzubeziehen und im anderen nicht. McGarrigle tat dies in einer zweiten Untersuchung an einer anderen Kindergruppe. Es zeigte sich, daß die Variation der Fragestellung unter diesen Umständen einen wesentlich geringeren Unterschied bewirkte. Wenn das Adjektiv «weiß» erwähnt wurde («Sind es mehr weiße Schritte bis zum Stuhl oder mehr Schritte bis zum Tisch?»), beantworteten 56% der Kinder die Frage richtig. Wurde es weggelassen («Sind es mehr Schritte bis zum Stuhl oder aber mehr Schritte bis zum Tisch?»), so gaben 69% der Kinder die richtige Antwort. Dieser Unterschied war statistisch nicht signifikant, d. h. die Folgerung, die eine Frage sei für die Kinder tatsächlich schwieriger gewesen als die andere, ist unzulässig.

Auch wenn in diesem Versuch kein Unterschied in der Reaktion auf die verschiedenen Formulierungen der Frage festzustellen war, so hätte sich doch zeigen können, daß der fehlende *Wahrnehmungskontrast* die Aufgabe insgesamt erleichterte im Vergleich zur vorangegangenen Aufgabe, bei der ein Teil der Schritte rot waren. Ein solcher Effekt konnte jedoch nicht ermittelt werden. Die Grundfrage: «*Sind es mehr Schritte bis zum Stuhl oder mehr Schritte bis zum Tisch?*» wurde in beiden Fällen von einem beinahe gleichgroßen Prozentsatz von Kindern (aus einer jeweils anderen Versuchspersonengruppe) richtig beantwortet — und zwar unabhängig davon, ob die Schritte nun alle die gleiche Farbe hatten oder sich farblich deutlich unterschieden.

Hier handelt es sich um eine Reihe sehr wichtiger Ergebnisse. Weder der Wahrnehmungskontrast noch die Änderung des Wortlautes allein erbrachten einen Unterschied. Gemeinsam war ihr Einfluß jedoch beträchtlich. Zudem ist es bemerkenswert, daß sich eine ganz geringfügige Variation in der Formulierung — das Einfügen oder Weglassen eines einzigen Adjektives — bei gegebenem Wahrnehmungskontrast als so außerordentlich wirkungsvoll erwies.

Die Aufgabe mit den «Schritten» erscheint möglicherweise von PIAGETS Standardaufgabe zur Klasseninklusion recht weit entfernt zu sein; sie besitzt jedoch große Ähnlichkeit mit einer von ihm selbst entwickelten Variante, bei der Holzperlen — zum Großteil braune und einige wenige weiße — als Versuchsmaterial dienten. PIAGET stellte dazu die Frage, welche Perlen eine längere Kette ergeben würden: die braunen Perlen oder die Holzperlen? Kleine Kinder gaben darauf in der Regel die Antwort: «Die braunen Perlen, weil es nur zwei weiße gibt.» Im Gegensatz zu MCGARRIGLES Versuchsmaterial bot diese Anordnung jedoch nicht die Möglichkeit, die entsprechenden sprachlichen und wahrnehmungsbezogenen Variablen so zu verändern, daß sich dadurch der Gegensatz zwischen den Unterklassen verringerte. Der Wahrnehmungskontrast war eine Notwendigkeit, denn hätten alle Perlen die gleiche Farbe gehabt, wäre ein Vergleich zwischen den Unterklassen nicht möglich gewesen. Aus dem gleichen Grund mußte der Wahrnehmungskontrast in jedem Fall in die Formulierung der Frage einbezogen werden. Es war also gerade jene Situation gegeben, die, wie MCGARRIGLE feststellte, für das Kind am schwierigsten ist.

MCGARRIGLE gelang es hingegen, eine Formulierung zu finden, die noch leichter als die bisher genannten war. Er fragte: «Ist es für den Teddy weiter bis zum Stuhl oder aber weiter bis zum Tisch?» Hier geht es nun freilich nicht unmittelbar um *Klasseninklusion,* sondern eher um das Einschließen einer Strecke in eine andere. Interessanterweise ergab sich, daß diese Frageform nicht nur leichter war (72% richtige Antworten in einer Untersuchung, 84% in einer anderen), sondern sie erleichterte auch die Beantwortung der nachfolgenden Fragen in beträchtlichem Maße. Die Frage: «Sind es mehr Schritte bis zum Stuhl oder mehr Schritte bis zum Tisch?» wurde nun von 88% der Kinder richtig beantwortet, und auch die Version mit den «roten Schritten» führte noch in 53% der Fälle zum Erfolg.

Es scheint, als helfe die Formulierung: «*Wohin ist es weiter?*», den Kinder begreiflich zu machen, worüber sie bei diesem Versuch nachdenken sollen; haben sie dies einmal verstanden, so gelingt es ihnen möglicherweise anschließend auch bei solchen Formulierungen, die sie sonst leicht in die Irre führen würden.

Für eine ganze Reihe von Kindern erweist sich die Formulierung mit den «roten Schritten» jedoch nach wie vor als unlösbar. In der oben genannten Untersuchung antworteten 47% wiederum im Sinne eines Vergleichs der Unterklassen, wenn die «roten» Schritte in der Frageformulierung erwähnt wurden. Dies gibt Anlaß zu der Überlegung, ob die Interpretation dieser Frage überhaupt etwas mit dem Verständnis der Inklusionssituation *an sich* zu tun hat oder ob sie nicht vielleicht auf viel allgemeinere Faktoren zurückgeht.

Um diesen Punkt entscheiden zu können, ist es erforderlich, ähnliche Frageformulierungen in Zusammenhängen zu untersuchen, in denen sich das Problem der Inklusion nicht stellt. McGarrigle führte entsprechende Experimente sowohl mit Spielzeugkühen und Spielzeugpferden als auch mit dem Teddybären und seinen Schritten als Versuchsmaterial durch.

Er ordnete schwarze und weiße Spielzeugkühe und -pferde zu beiden Seiten einer Mauer so an, daß sie sich in folgender Weise einander gegenüber standen:

Kühe

S	S	W	W
S	S	S	W

Pferde

Den Kindern wurde sodann unter anderem die folgende Frage gestellt:

«Gibt es mehr Kühe oder mehr schwarze Pferde?»

Von 36 Kindern gaben nun nur 5 (d. h. 14%) die richtige Antwort. Weshalb irrten sich die anderen?

Es ist offensichtlich, daß PIAGETS Erklärung hier nicht von Nutzen ist. Es geht bei dieser Frage nicht um Inklusion — nicht darum, gleichzeitig das Ganze und die Teile, aus denen es besteht, in Betracht zu ziehen. Was die Kinder tatsächlich tun, ist jedoch klar. Die meisten von ihnen vergleichen die schwarzen Pferde mit den schwarzen Kühen, wie aus ihren Bemerkungen hervorgeht: «Es gibt mehr schwarze Pferde, denn es sind nur zwei schwarze Kühe da.»

Ähnliche Ergebnisse brachte eine Variante des Experimentes mit den «Schritten», bei der keine Inklusion gefordert wurde. Der Teddybär, der Stuhl und der Tisch waren in diesem Versuch nicht in einer geraden Linie angeordnet, sondern so, wie aus der folgenden Skizze ersichtlich wird (offene Kreise bezeichnen weiße Schritte, gefüllte Kreise rote Schritte):

Die «Schritte bis zum Stuhl» stellten also keine Teilmenge der «Schritte bis zum Tisch» dar. Die Fragen waren genau dieselben wie in der ursprünglichen Versuchsanordnung, bei der es um Klasseninklusion ging:

1. Sind es mehr rote Schritte bis zum Stuhl oder mehr Schritte bis zum Tisch?
2. Sind es mehr Schritte bis zum Stuhl oder mehr Schritte bis zum Tisch?

Wie zuvor erwies sich auch in diesem Fall Frage 1 als bedeutend schwieriger. Die Bemerkungen der Kinder ließen erkennen, daß einige die «roten Schritte bis zum Stuhl» mit der Teilmenge der roten Schritte bis hin zum Tisch verglichen. In anderen Fällen erfolgte der Vergleich mit der Teilmenge der weißen Schritte. Und gelegentlich schien es, als beantworteten die Kinder eine ganz andere Frage, denn sie sagten Dinge wie: «Dorthin (zum Stuhl hin) ist alles rot, aber dort drüben ist auch weiß» oder: «Dort sind alle rot». Es war, als antworteten sie auf eine Frage, die ungefähr folgenden Wortlaut haben könnte: «Sind mehr der Schritte bis zum Tisch oder aber mehr der Schritte bis zum Stuhl rot?» — auf eine Frage also, die gewissermaßen nach einem Vergleich von Anteilen verlangte.

In jedem Fall beantworten die Kinder häufig Fragen, die gar nicht vom Versuchsleiter gestellt wurden. Die Interpretationen der Kinder stimmten weder mit der Absicht des Versuchsleiters überein, noch erfaßten sie die grammatikalische Struktur der gestellten Frage. Die Kinder begriffen nicht, was der Versuchsleiter meinte, und es liegt nahe, zu behaupten, sie hätten auch die Worte selbst nicht genau verstanden. Wenn dies zu gewagt erscheint, so ist doch zum mindesten zu sagen, daß etwas anderes als die «Regeln der Sprache» ihre Interpretation bestimmte — gewisse Erwartungen bezüglich des Inhalts der Frage etwa, die durch das jeweilige Versuchsmaterial beeinflußt werden konnten. Daraus darf nun jedoch keineswegs der Schluß abgeleitet werden, die Kinder hätten sich ganz allgemein *nicht darum gekümmert,* was gesprochen wurde. Es sei nur an die dramatische Wirkung erinnert, die das Einfügen oder Weglassen eines einzigen Adjektivs in einzelnen Untersuchungen zeigte.

5. Was ist und was sein muß

PIAGET steht nicht allein mit seiner Überzeugung, daß Kleinkinder unfähig sind, Schlüsse zu ziehen, die einem Erwachsenen ganz einfach erscheinen. Vielmehr legt eine psychologische Theorie, die der PIAGETS völlig entgegengesetzt ist, dieselbe Annahme nahe. CLARK HULL, einer der bedeutendsten Vertreter einer assoziationstheoretischen oder behavioristischen Psychologie, vertrat die Ansicht, schlußfolgerndes Denken bestehe im wesentlichen in einer zuvor nie tatsächlich ausgeführten, neuartigen Zusammensetzung zweier zielgerichteter «Verhaltenssegmente». Gegen diese Definition des schlußfolgernden Denkens lassen sich schwerwiegende Einwände erheben; wir wollen sie jedoch vorläufig übernehmen, um zu untersuchen, was geschieht, wenn wir das Denken von Kindern im Sinne der HULLschen Konzeption untersuchen.

HULLS Feststellung von der Verbindung zweier «Verhaltenssegmente» erfolgte vor dem Hintergrund von Untersuchungen an Ratten, die Labyrinthe zu durchlaufen lernten — eine bei Behavioristen sehr beliebte Methode. Ein «Verhaltenssegment» war in diesem Zusammenhang dadurch gekennzeichnet, daß die Ratte von einer Stelle im Labyrinth zu einer anderen lief.

Die Argumentation war folgende: Stellen wir uns ein Labyrinth vor mit der folgenden Anordnung (Abb. 5).

Nehmen wir nun an, daß die Ratte lernt, von A nach B zu laufen; für die gleiche kleine Belohnung erlernt sie die Strecke von A nach C und für eine wesentlich größere Belohnung schließlich die Strecke von C nach D (die einzelnen Lernabschnitte werden dabei getrennt trainiert). Wählt die Ratte nun, wenn sie am Punkt A abgesetzt wird, den Weg A→C→D, und nicht den Weg A→B, so muß sie *geschlossen* haben, daß man auf diese Weise nach D gelangen kann, denn sie hat den Weg von A nach D zuvor noch nie tatsächlich *zurückgelegt*.

Freilich beträgt die Wahrscheinlichkeit, diesen Weg zufällig — d. h. nicht aufgrund schlußfolgernden Denkens — zu wählen, an sich schon 50%. Sollte sich aber ein Großteil der Ratten für ihn entscheiden, so wäre dies ein Beweis für schlußfolgerndes Denken.

Dieser Beweis wurde jedoch nicht gefunden. Ratten, so scheint es, ziehen keine derartigen Schlüsse.

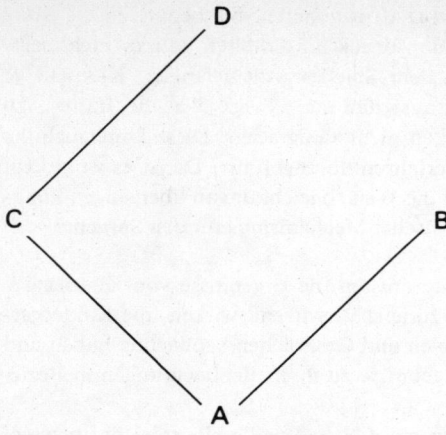

D

C　　　　　　　　B

A

Abb. 5

Weit sonderbarer sind Befunde, die den Eindruck entstehen lassen, Kinder unter sieben Jahren würden dies ebensowenig tun.

Zwei Schüler von CLARK HULL, HOWARD & TRACY KENDLER, entwickelten eine Testaufgabe für Kinder, die ausdrücklich auf dem HULLschen Grundsätzen basierten. Es ging jedoch nicht um das Durchlaufen eines Labyrinths; stattdessen mußten die Kinder ein Gerät bedienen lernen, um zu einem Spielzeug zu gelangen. Um die Aufgabe erfolgreich ausführen zu können, war eine Sequenz von zwei Verhaltensweisen erforderlich, die den Segmenten des Labyrinths entsprach. Die beiden Abschnitte wurden mit den Kindern getrennt geübt. Der erste Abschnitt bestand einfach darin, von zwei Knöpfen den richtigen zu drücken, um eine Murmel zu bekommen; beim zweiten mußte eine Murmel in eine Öffnung geworfen werden, worauf das Spielzeug zum Vorschein kam.

KENDLER & KENDLER (1967) stellten fest, daß die Kinder die einzelnen Abschnitte ohne Schwierigkeiten lernten. Wenn sie die Aufgabe hatten, durch Drücken eines Knopfes eine Murmel zu beschaffen, beschafften sie die Murmel; wenn sie sich mit Hilfe einer Murmel, die der Versuchsleiter ihnen gab, ein Spielzeug besorgen sollten, wußten sie, wie die Murmel zu verwenden war. (Sie brauchten sie bloß in eine Öffnung im Gerät zu werfen.) Aber in den meisten Fällen «integrierten» sie die beiden Abschnitte nicht, wie es KENDLER & KENDLER formulieren. Sie benutzten die Murmel, die sie auf den Knopfdruck hin erhalten hatten, nicht selbständig weiter, um zu dem Spielzeug zu gelangen. KENDLER & KENDLER schlossen daraus, daß sie, ebenso wie die Ratten, zu schlußfolgerndem Denken nicht fähig seien. Diese Untersuchung wurden in den Sechzigerjahren durchgeführt. Da ist es wohl kein Wunder, daß CHOMSKY die Welt so leicht davon überzeugen konnte, daß ein äußerst spezifischer Mechanismus für den Spracherwerb notwendig sei.

Auf der anderen Seite müssen die Ergebnisse von KENDLER & KENDLER auf alle jene zutiefst verwirrend wirken, die Kindergartenkinder bei ihren Spielen und Gesprächen beobachtet haben und nun im Geiste diese Ergebnisse zu ihren Beobachtungen in Beziehung setzen.

Im folgenden sei nun ein eindrucksvolles Beispiel dafür angeführt, zu welchen Schlußfolgerungen Kinder fähig sein können, wenn man ihr spontanes Verhalten betrachtet im Unterschied zum Verhalten in Testsituationen.

Die zitierte Unterhaltung wurde auf Tonband aufgenommen und kann daher genau wiedergegeben werden. Sie ereignete sich kurz nach dem Tod von DONALD CAMPBELL, der bei dem Versuch, den Motorboot-Weltrekord zu brechen, umkam; einige Monate zuvor hatte ein wissenschaftlicher Mitarbeiter namens ROBIN CAMPBELL die Schule besucht, in der die Unterhaltung stattfand. Das Gespräch fand zwischen einem fünfjährigen Mädchen und einem anderen Projektmitarbeiter statt.

Kind: «Ist Herr Campbell, der uns besucht hat, tot?» (mit nachdrücklicher Betonung des Wortes «tot»)

Projektmitarbeiter: «Nein, ich bin ganz sicher, daß er nicht tot ist.» (mit großer Verwunderung)

Kind: «Dann muß es zwei Herren Campbell geben, denn Herr Campbell ist tot — ertrunken.»

Dieses Kind fügte, wenn nicht zwei «Verhaltenssegmente», so deutlich getrennte Einzelinformationen zusammen: *Herr Campbell, der hier war, ist nicht tot* und *Herr Campbell ist tot*. Daraus zog es die richtige Schlußfolgerung und formulierte sie auch als notwendige Konsequenz: «Dann *muß* es zwei Herren Campbell geben ...». In seine Überlegung geht das Wissen ein, daß die lebendige Existenz eines Menschen mit dem Tod desselben nicht vereinbar ist. Wenn Herr Campbell also tot und Herr Campbell andererseits lebendig ist, dann muß es eben zwei Herren Campbell geben!

Wie ist es möglich, daß fünfjährige Kinder zu solchen Schlußfolgerungen in der Lage sind, aber zugleich bei einer Aufgabe wie jener von KENDLER & KENDLER zwei ganz einfache, getrennt gelernte Verhaltenseinheiten nicht zu «integrieren» vermögen? Dieses Rätsel scheint sich einerseits durch eine Information von MICHAEL COLE und Kollegen eher noch zu vergrößern. Sie berichten, daß erwachsene Mitglieder einer afrikanischen Kultur die KENDLER-Aufgabe zunächst ebenfalls nicht lösen konnten (COLE u. a. 1971). Andererseits verkleinerte sich das Rätsel angesichts der Erfahrung, daß eine Aufgabe entwickelt wurde, die der von KENDLER & KENDLER genau entsprach, aber von den erwachsenen Afrikanern viel leichter zu bewältigen war.

An Stelle des Gerätes mit den Druckknöpfen verwendete COLE eine versperrte Kiste und zwei Zündholzschachteln in verschiedenen Farben. Eine der beiden Schachteln enthielt einen Schlüssel, mit dem die Kiste geöffnet werden konnte. Es ist nun zu beachten, daß nach wie vor zwei «Verhaltenssegmente» gegeben sind («öffne die richtige Streichholzschachtel, um zum Schlüssel zu gelangen» und «benütze den Schlüssel, um die Kiste zu öffnen») — die beiden Aufgaben scheinen also formal gleich zu sein. In psychologischer Hinsicht unterscheiden sie sich jedoch deutlich. Die Versuchsperson hat es nicht mehr mit einem unbekannten Gerät, sondern mit vertrauten und bedeutungsvollen Gegenständen zu tun und weiß zudem genau, was von ihr erwartet wird. Und unter diesen Umständen hat sie, wie sich herausstellt, wesentlich weniger Schwierigkeiten mit der «Integration» der beiden Verhaltenssegmente.

In diesem Zusammenhang ist eine neuere Arbeit von SIMON HEWSON (1977) von großem Interesse. Sie zeigt, daß auch bei jüngeren Kindern die Schwierigkeiten zur Lösung der Aufgabe nicht in den erforderlichen Schlußfolgerungsprozessen liegen, sondern das eigentliche Problem bilden bestimmte verwirrende Aspekte des Gerätes und der Vorgangsweise. Werden diese verändert, ohne dabei am Schlußfolgerungscharakter der Aufgabe zu rühren, so bewältigen Fünfjährige das Problem ebenso gut wie College-Studenten das Experiment von KENDLER & KENDLER.

HEWSON nahm zwei entscheidende Veränderungen vor. Zunächst ersetzte er den Knopfdruckmechanismus in den Seitenwänden des Gerätes durch Schubläden, die auf- und zugemacht werden konnten. Damit nahm er dem ersten Lernabschnitt das Rätselhafte. Dann machte er den Kindern verständlich, daß auch keinerlei Zauberei mit der Murmel verbunden war, die ihnen der Versuchsleiter im zweiten Abschnitt gab, damit sie diese in die Öffnung werfen und dafür die Belohnung erhalten konnten. Denn für kleine Kinder ist es schließlich nicht ohne weiteres verständlich, wie es zugeht, daß eine Murmel, die sie in eine Öffnung werfen, ein kleines Türchen öffnet. Woher sollten sie wissen, daß jede andere Murmel, sofern sie annähernd die gleiche Größe hat, genauso gut dazu verwendet werden kann? Diese Annahme ist aber eine Voraussetzung für die Bewältigung der Aufgabe. Hewson machte die funktionale Äquivalenz verschiedener Murmeln deutlich, indem er mit den Kindern ein «Tauschspiel» veranstaltete.

Diese beiden Veränderungen ließen die Erfolgsrate der Fünfjährigen von 30% auf 90% und jene der Vierjährigen von 35% auf 72.5% steigen. Bei dreijährigen Kindern bewirkte die veränderte Versuchsanordnung aus noch ungeklärten Gründen keine Verbesserung, sondern eher einen leichten Leistungsabfall.

Wir können daraus schließen, daß Kinder mit der Versuchsapparatur von Kendler & Kendler tatsächlich Schwierigkeiten haben; aber diese Schwierigkeiten können nicht als Beweis für ihre Unfähigkeit zu deduktiven Schlüssen gelten.

Vor dem Hintergrund dieser Feststellung soll nun betrachtet werden, wie sich Kinder in einer anders gearteten Situation verhalten.

Sehr aufschlußreich ist es, den Kommentaren und Fragen von Kindern zuzuhören, wenn ihnen Geschichten vorgelesen werden. Es läßt sich in dieser Situation eine Vielzahl von Hinweisen auf schlußfolgerndes Denken sammeln:

Hier einige Beispiele:

«Wie viele Sachen er nimmt! Er kann nicht … er hat nur zwei Hände und kann unmöglich alle diese Sachen tragen.»

(*Prämissen:* [1] Peter hat mehr zu tragen, als man in zwei Händen tragen kann. [2] Peter hat nur zwei Hände.

Schluß: Peter kann unmöglich alles das tragen, was er der Geschichte zufolge trägt. Implizite Kritik an der Geschichte.)

«Sie muß alles am Vortag aufgegessen haben.»

(*Prämissen:* [1] In einer Wohnung gibt es normalerweise etwas zum Essen. [2] In dieser Wohnung gibt es nichts zum Essen.

Schluß: Es muß alles aufgegessen worden sein.)

«Aber wie ist das möglich (daß sie heiraten)? Es muß doch auch ein Mann dabei sein! (Das Buch enthält ein Bild von einer Hochzeit, in dem der Mann eher wie eine Frau aussieht. Das Kind hält es für ein Bild von zwei Frauen.)

(*Prämissen:* [1] Bei einer Hochzeit muß ein Mann dabei sein. [2] In dem Bild ist kein Mann zu sehen.

Schluß: Es kann keine Hochzeit sein.)

«Ich glaube, du hast eine Seite ausgelassen. Du hast nichts davon gesagt, daß er das Leder ausgeschnitten hat.»

(*Prämissen:* [1] Es gibt eine Seite in der Geschichte, auf der vom Ausschneiden des Leders erzählt wird. [2] Das Ausschneiden des Leders wurde nicht erwähnt.

Schluß: Es wurde eine Seite ausgelassen.)

Kind: «Du schaust ja gar nicht hin.»
Kindergärtnerin: «Wie bitte?»
Kind: «Wieso liest du es nicht?»
Kindergärtnerin: «Weil ich es auswendig weiß?»
(*Prämissen:* [1] Wenn man ein Buch liest, schaut man hinein. [2] Die Kindergärtnerin schaut nicht in das Buch.

Schluß: Sie liest das Buch nicht.)

Stellt man dieses Beweismaterial in Rechnung, so ist die Behauptung, Kinder seien unfähig zu deduktiven Schlüssen, nicht aufrechtzuerhalten. Wenn also bisweilen — wie es in bestimmten Versuchssituationen der Fall ist — der Eindruck entsteht, die Kinder seien zu schlußfolgerndem Denken nicht in der Lage, muß genau untersucht werden, was dabei vor sich geht. Wenn es in den von uns geplanten Experimenten nicht gelingt, die Kinder zu deduktiven Schlüssen zu bewegen, wir jedoch andererseits in ihrem spontanen Verhalten Schlußfolgerungen beobachten können, so müssen wir nach den Ursachen fragen.

Es zeigt sich jedoch, daß es ungeachtet der Befunde von PIAGET, KENDLER & KENDLER und anderen durchaus nicht unmöglich ist, Kinder in der künstlichen Situation eines Experimentes zu schlußfolgerndem Denken zu veranlassen. Es ist zwar schwieriger, aber es ist nicht unmöglich.

BARBARA WALLINGTON führte eine Reihe von Versuchen durch, in denen die Kinder aus einer Reihe von Schachteln, deren Deckel zum Teil mit einem Stern versehen waren und zum Teil nicht, jene herausfinden sollten, in der — oder in denen — ein Spielzeug verborgen war. Sie plante ihre Versuche mit großer Sorgfalt und gab sich besondere Mühe, den Kindern verständlich zu machen, was von ihnen erwartet wurde. Das Ergebnis war außerordentlich aufschlußreich.

Die Kinder erhielten in den Versuchen Informationen, die sie als Anhaltspunkt für ihre Suche verwenden konnten. So erfuhren sie zum Beispiel: «Wenn auf dem Schachteldeckel ein Stern ist, dann ist ein kleines Tier in der Schachtel» oder: «Wenn auf der Schachtel kein Stern ist, dann ist ein kleines Tier in der Schachtel.» Nachdem die Kinder eine derartige Information erhalten hatten, sollten sie vorhersagen, in welchen Schachteln sich ein Spielzeug befand, und sodann überprüfen, ob sie recht hatten.

Die Entscheidungen der Kinder sowie ihre Antworten, wenn sie nach dem Grund für ihre Wahl gefragt wurden, zeigten ganz deutlich, daß viele von ihnen streng deduktiv vorgingen und die Aussage des Versuchsleiters als Grundlage benutzten, um daraus Schlußfolgerungen abzuleiten. Nur selten wurden alle die Schlüsse gezogen, die gemäß den Regeln der traditionellen formalen Logik als korrekt gegolten hätten. Aber dies war bei einer Gruppe von Erwachsenen, denen die Aufgabe vorgelegt wurde, ebensowenig der Fall. Die älteren Kinder (und «älter» heißt hier zwischen vier Jahren und drei Monaten und vier Jahren und elf Monaten) reagierten häufig genau gleich wie die Erwachsenen, indem sie die Aussage «wenn auf der Schachtel ein Stern ist ...» im Sinne von «wenn *und nur wenn* auf der Schachtel ein Stern ist ...» verstanden und die entsprechenden Schlüsse zogen. Manche Kinder waren auch in der Lage, Erklärungen zu geben, die jenen der Erwachsenen sehr ähnlich waren, wobei sie Ausdrücke wie «*es muß sein*» verwendeten. Im folgenden ein Beispiel zur Veranschaulichung: Gab der Versuchsleiter die Information «Wenn auf der Schachtel ein Stern ist, dann ist kein kleines Tier darin», so zogen die Kinder etwa folgende Schlüsse: «Wenn auf der Schachtel kein Stern ist, *sollte* ein kleines Tier darin sein» und «Es *muß hier* drinnen sein (Schachtel ohne Stern), wenn es *dort* nicht drinnen ist (Schachtel mit Stern)».

Zu beachten ist dabei, daß die Kinder diese Begründungen formulierten, nach dem sie ihre Wahl unter den Schachteln getroffen hatten, aber noch bevor sie die Schachteln öffnen durften.

Bei Kindern unter vier Jahren waren solche Reaktionen eher selten. Aber auch die jüngsten Kinder verhielten sich nicht planlos. Sie folgten bei ihrer Suche meistens einer bestimmten Strategie, selbst wenn es sich um ein so einfaches Vorgehen handelte, in keinem Zusammenhang zu den Anweisungen des Versuchsleiters stehend, wie das, an einem Ende der Schachtelreihe zu beginnen und die Schachteln eine nach der anderen durchzuprobieren. Mittlerweile liegen weitere Belege dafür vor, daß es Kindern auch in Versuchssituationen zuweilen möglich ist, ihre Fähigkeit zu schlußfolgerndem Denken zu beweisen. PETER BRYANT & PAUL HARRIS untersuchten unabhängig voneinander bei Kindern die Fähigkeit zu einer Art der Schlußfolgerung, die transitive Beziehungen wie «gleich groß wie» oder «größer als» betrifft. (Es ist dies wiederum eine Art der Schlußfolgerung, die in PIAGETS Theorie als Kriterium für operationales Denken gilt und daher der Theorie zufolge bei Kindern unter sieben Jahren gewöhnlich nicht zu finden ist.) Zur Erläuterung der Befunde von BRYANT & HARRIS seien zwei Versuche — je einer von BRYANT und von HARRIS — betrachtet, in denen die Fähigkeit des Kindes untersucht wird, die Größe zweier Gegenstände mittels eines Hilfsgegenstandes zu vergleichen, was im wesentlichen bedeutet, daß dieser als Meßinstrument verwendet wird.

HARRIS und seine Mitarbeiter zeigten vierjährigen Kindern zwei Papierstreifen, die im Abstand von etwa einem Meter nebeneinander lagen. Die Streifen unterschieden sich in ihrer Länge um ungefähr einen halben Zentimeter — eine Differenz, die zu gering war, um noch wahrnehmbar zu sein. Wurden die Kinder nun gefragt, welcher der beiden Streifen länger sei, gaben sie dementsprechend in ungefähr der Hälfte der Fälle richtige Urteile ab — genau das Ergebnis, welches aufgrund des Zufalles zu erwarten war. Danach wurde ein dritter Papierstreifen in derselben Länge wie einer der beiden anderen Streifen hinzugenommen. Er wurde für kurze Zeit neben jeden der ersten beiden Streifen gelegt. Dann wurde die Frage wiederholt. Der Großteil der Kinder gab nun die richtige Antwort. Daraus scheint eindeutig hervorzugehen, daß die Kinder in der Lage waren, den Vorgang des Messens zu begreifen, d. h. folgenden Schluß zu ziehen: Wenn A gleich lang wie B und B länger als C ist, dann muß A länger sein als C.

BRYANT & KOPYTYNSKA (1976) gelangten zu ähnlichen Schlußfolgerungen wie HARRIS hinsichtlich der Fähigkeit von Kleinkindern, Messungen vorzunehmen. Sie entwickelten eine einfache, aber einfallsreiche Versuchsanordnung, um zu zeigen, daß kleine Kinder zwar selten Dinge spontan messen, die sie durch bloße Anschauung vergleichen können, sich aber in vielen Fällen eines Meß-instrumentes bedienen, wenn ein solcher visueller Vergleich un-möglich ist. BRYANT & KOPYTYNSKA gaben ihren Versuchspersonen zwei schwarze Holzklötze, in die jeweils ein Loch gebohrt war, und baten sie, herauszufinden, ob die beiden Löcher gleich tief seien. Es war nicht möglich bis auf den Boden der Löcher zu sehen. Zwi-schen die beiden Klötze hatten die Versuchsleiter einen Holzstab gelegt, den die Kinder als Meßgerät verwenden konnten, wenn sie dies wünschten. Selbst wenn auf den Stab nicht gesondert hinge-wiesen wurde, setzten ihn die Kinder vielfach zur Lösung der Auf-gabe ein.

An dieser Stelle sei nun ein erstes Resümee gezogen. Die wichtig-sten Punkte, die sich aus dem bisher Betrachteten ergeben, sind folgende:

1. Kinder sind auf keiner Stufe so egozentrisch, wie PIAGET be-hauptet. Für jeden Menschen ist es in gewisser Weise schwierig, ei-nen anderen Betrachtungsstandpunkt einzunehmen; diese Schwie-rigkeit variiert zwangsläufig von Situation zu Situation, und wird durch viele komplexe Faktoren bestimmt. Aber der in dieser Hin-sicht zwischen Erwachsenen und Kindern bestehende Unterschied ist keineswegs so gravierend, wie zuletzt weithin angenommen wur-de.

2. Kinder sind in ihrer Fähigkeit zu schlußfolgerndem Denken nicht so beschränkt, wie PIAGET — und andere — meinen. Am deutlichsten tritt diese Fähigkeit in einzelnen Bereichen ihres spon-tanen Verhaltens zutage; wie wir gesehen haben, kommt sie in den Kommentaren der Kinder zu Geschichten, die ihnen vorgelesen werden, sehr eindringlich zum Ausdruck. Es ist prinzipiell möglich, diese Fähigkeit auch in der künstlichen Situation des Experiments von ungefähr vier Jahren an — wenn nicht früher — nachzuwei-sen, auch wenn dies in vielen Versuchsanordnungen mißlang. Folg-lich ist zumindest ab dem Alter von vier Jahren der vermeintliche Abstand zwischen Kindern und Erwachsenen geringer als vielfach angenommen wurde.

3. Die Fähigkeit des Kindes, die Sprache zu erlernen, ist in der Tat erstaunlich. Doch diese Fähigkeit ist nicht von seiner übrigen geistigen Entwicklung zu trennen. Es besteht kein Grund zur An-nahme, das Kind werde mit einem «Erwerbsmechanismus» gebo-ren, der es ihm ermögliche, die sprachlichen Äußerungen, die es

hört, zu strukturieren und zu verstehen, wohingegen es bezüglich anderer Aspekte seiner Umgebung zu derartigen Denkleistungen nicht in der Lage sei. Ganz im Gegenteil, gegenwärtig sieht es so aus, als verstehe das Kind als erstes Situationen (und hier vielleicht vor allem jene, in denen es um Absichten und Ziele von Menschen geht), und verwende *dieses* Verständnis im weiteren dazu, das zu begreifen, was andere zu ihm sagen.

Es zeigt sich also, daß die einflußreichsten Theorien, die in den vergangenen Jahren bezüglich der Entwicklung des Denkens vorgebracht wurden über weite Strecken unbegründet sind. Dies bedeutet jedoch *keineswegs,* daß sie als Ganzes unzutreffend wären.

Ebensowenig darf aus der Tatsache, daß sich Kinder den Erwachsenen in mancher Hinsicht ähnlicher sind, als vordem angenommen wurde, der Schluß gezogen werden, daß sie im Grunde ganz wie Erwachsene wären. Vielleicht müssen wir Unterschiede lediglich in anderen Bereichen suchen.

6. Was gesagt wird und was gemeint ist

«Was gesagt wird, ist eine unsichere Angelegenheit.»   P. ZIFF

«War jemand mit Ihnen im Boot?»
«War niemand mit mir im Boot.»
«Und was tat Ihr Enkel?»
«Ach der — ja, der war im Boot. Ich dachte, Sie meinten jemanden, der
kein Recht hatte, mit im Boot zu sein.»   DOROTHY L. SAYERS[1]

Der geistig gebildete Erwachsene innerhalb unserer Kulturtradition — jemand, der in Schulen unterrichtet oder das Denken und Sprechen von Kindern untersucht —, ist sich der Sprache als eines formalen Systems zur Abbildung der Wirklichkeit bewußt. Er begreift, daß Sprache eine sogenannte «zeitlose Bedeutung» enthält — d.h. eine Bedeutung, die unabhängig vom speziellen Verwendungszusammenhang betrachtet werden kann, die nicht vollständig in die Ereignisse, in den steten Fluß des «wirklichen Lebens» eingebettet ist. Sobald sich diese differenzierte Sicht der Sprache herausgebildet hat, ist es möglich, einen einzelnen, isolierten Satz zu bilden und danach zu fragen, was er bedeutet. Allem uns verfügbaren Wissen nach ist jedoch eine derartige, vom Zusammenhang abgelöste Betrachtungsweise dem primitiven oder «natürlichen» Umgang mit der Sprache fremd. Es sei nur an den Indianer erinnert, der sagte, er könne den Satz: «Der weiße Mann erlegte heute sechs Bären» nicht übersetzen, da kein weißer Mann dazu in der Lage sei.

Freilich gebrauchen auch geistig gebildete Erwachsene die Sprache normalerweise nicht ohne sich weitgehend auf den Kontext zu stützen (siehe S. 77). Auf der anderen Seite dürfen wir nicht in den Fehler verfallen, alle Völker, die wir als «primitiv» bezeichnen, einfach in einen Topf zu werfen. MARY DOUGLAS (1975) beispielsweise berichtet über den Stamm der Dogon, daß die intellektuelle Einheit, die auf dem unmittelbaren Erfahrungsbereich basiert, ihrer Reflexion über das Wesen, die Macht und die Wirkung der Sprache entspringe. Sie wirft jedoch zugleich die Frage auf, ob dies einen Grad an Bewußtheit der Denkprozesse voraussetzen müßte, durch den ihre Kultur eindeutig aus der Klasse der Primitiven herausgehoben würde.

---

[1] Zitat entnommen der deutschen Ausgabe: SAYERS, D. L.: Der Fund in den Teufelsklippen. Tübingen: Wunderlich 1974 (S. 124).

In den vorhergehenden Kapiteln wurden einige Schwächen der Theorien, die in den vergangenen Jahren zur Entwicklung des Denkens aufgestellt wurden, erörtert. Alle diese Schwächen beruhen darauf, daß dem Unterschied zwischen der Sprache, wie sie von Kindern spontan verwendet und verstanden wird, und der Sprache, wie sie sich für diese Theoretiker darstellt, zu wenig Beachtung geschenkt wurde.

CHOMSKY meint offensichtlich, das Kind müsse beim Erlernen der Sprache im wesentlichen das erwerben, was er selbst unter Sprache versteht. Auf lange Sicht gesehen ist dies in der Tat der Fall. Anfangs aber — in den ersten Lebensjahren — könnte die Sprache für das Kind etwas ganz anderes bedeuten.

Da es PIAGET nicht so sehr um den Spracherwerb geht, sind für seine Theorie die Auswirkungen dieser Erwachsenenauffassung der Sprache von geringerer Bedeutung. Wenn PIAGET sich mit diesem Thema beschäftigt, geschieht dies mit wesentlich größerer Sensibilität für die Unterschiede zwischen dem, wozu sich die Sprache für den Erwachsenen entwickelt hat, und dem, was sie für das Kind in seinen ersten Lebensjahren darstellt. Sobald er jedoch als Versuchsleiter Sprache als Teil seiner Untersuchungsmethode zur Erfassung kindlicher Denkvorgänge *verwendet,* scheint PIAGET die Bedeutung dieses Problems aus den Augen zu verlieren.

Von allen Testaufgaben PIAGETS sind vielleicht jene am bekanntesten, die «Invarianzversuche» genannt werden. Es gibt eine ganze Reihe derartiger Aufgaben — Versuche zur Erhaltung einer Zahl, eines Gewichtes, einer Länge, eines Rauminhaltes und so weiter; an dieser Stelle sei lediglich die Aufgabe zur Längenkonstanz beispielhaft behandelt, da für alle Versuche dieser Art die gleichen Grundprinzipien gelten.

Der Versuch umfaßt drei Abschnitte: Zunächst werden dem Kind zwei gleich lange Stäbe gezeigt, die parallel und genau wie folgt angeordnet sind:

———————————

Dann wird gefragt, ob die beiden Stäbe gleich lang seien. Es ist unbedingt erforderlich, daß das Kind die beiden Stäbe zu diesem Zeitpunkt für gleich lang hält, da der Versuch sonst nicht fortgesetzt werden darf.

Als nächstes wird einer der beiden Stäbe (meist durch den Versuchsleiter) so verschoben, daß die Enden der Stäbe, wie im folgenden gezeigt, nicht mehr auf gleicher Höhe liegen:

Der Versuchsleiter lenkt die Aufmerksamkeit des Kindes ausdrücklich auf diese Transformation, indem er sagt: «Schau, was ich da jetzt mache».

Der dritte Abschnitt schließlich besteht einfach in der Wiederholung der ursprünglichen Frage («Sind sie beide gleich lang?») nach Abschluß der Transformation im zweiten Abschnitt.

Im folgenden die wesentlichen Grundregeln, die allen Formen der Invarianzversuche gemeinsam sind:

(a) Die anfängliche Gleichheit des kritischen Merkmals (Länge, Gewicht usw.) ist verbunden mit der Ähnlichkeit in der Wahrnehmung (Stäbe, deren Enden auf einer Linie liegen; Plastilinkugeln, die einander in Gestalt und Gewicht gleich sind usw.).

(b) Das Kind wird hinsichtlich der anfänglichen Gleichheit des kritischen Merkmals befragt und bestätigt diese.

(c) Es wird eine Transformation vorgenommen, durch die die Ähnlichkeit in der Wahrnehmung beseitigt, das kritische Merkmal jedoch nicht beeinflußt wird.

(d) Das Kind wird erneut bezüglich des kritischen Merkmals befragt.

Bejaht das Kind bei der zweiten Befragung nach wie vor die Gleichheit des kritischen Merkmals, so gilt dies als Beweis dafür, daß es in der Lage ist, die Invarianz der Länge oder des Gewichts — oder eines anderen untersuchten Merkmals — zu erfassen. Andernfalls wird von ihm behauptet, es habe die Invarianz des Merkmals nicht erfaßt.

Kindern unter sieben Jahren gelingt es meist nicht, Invarianzaufgaben in ihrer Standardform zu bewältigen. Für PIAGET ist dies wiederum ein Beweis für die mangelnde kindliche Fähigkeit zur Dezentrierung und zu schlußfolgerndem Denken. Die richtige Antwort setzt PIAGET zufolge die Fähigkeit voraus, aus zwei Prämissen — nämlich: (1) diese Dinge waren vorher gleich lang (gleich schwer usw.) und (2) es ist nichts geschehen, wodurch die Länge (das Gewicht usw.) geändert würde — die Schlußfolgerung abzuleiten, sie müßten nach wie vor gleich lang sein, obwohl sie verschieden lang aussehen. Stellt das Kind keine derartigen Überlegungen an, so ist dies nach Ansicht PIAGETs ein Zeichen seiner Unfähigkeit, sein Denken zu dezentrieren — und zwar sowohl hinsichtlich der unmittelbaren Wahrnehmungsbedingungen als auch im Hinblick auf den Zusammenhang zwischen einem bestimmten Zeitpunkt und einem darauffolgenden. Das Kind zentriert sein Denken auf ein spezielles Merkmal der jeweils gegebenen Situation und vernachlässigt darüber andere. Es bezeichnet beispielsweise den einen Stab als länger, weil er am einen Ende weiter vorragt, und übersieht dabei, daß dies durch sein Einrücken am anderen Ende wieder ausgeglichen wird. Ebenso zentriert es seine Überlegungen auf den Augenblick, ohne zurückzublicken; es erkennt nicht, daß die Handlung im Prinzip *reversibel* ist — daß der eine Stab so zurückgeschoben werden könnte, daß die Enden beide Stäbe wieder auf der gleichen Höhe liegen. Die Fähigkeit, dieses Prinzip der Reversibilität im Denken einzusetzen, stellt für PIAGET eines der wichtigsten Anzeichen für die Stufe des konkret operationalen Denkens dar.

Von der Erklärung einmal abgesehen, was geschieht tatsächlich bei einer Reaktion, die der Invarianz nicht Rechnung trägt? Der Sachverhalt ist zusammengefaßt folgender: Auf ein und dieselbe Frage, die wiederholt gestellt wird und die für den Erwachsenen beide Male die gleiche Bedeutung hat, gibt das Kind innerhalb eines kurzen Zeitraumes zwei widersprüchliche Antworten. Nehmen wir nun einmal an, daß es dem Kind gar nicht darum gehe, im einzelnen abzuwägen, was die Frage ihrem genauen Wortlaut nach bedeutet. Stellen wir uns vor, daß es die Situation als Ganze interpretiere; daß es einbeziehe, was der Versuchsleiter sagt, was er tut und was er erwartungsgemäß vorhat. Erinnern wir uns nun daran, daß der Versuchsleiter im zweiten Abschnitt des Versuches auf eine Handlung hinweist und somit die Anordnung, über die das Kind nachdenkt, verändert. «Schau her, was geschieht», sagt er. Ist es da nicht naheliegend, daß das Kind zu der Überzeugung gelangt, diese Veränderung sei für das Folgende — für die als nächstes gestellte Frage — von Bedeutung?

ROCHEL GELMAN machte folgende weitere Beobachtung: Wenn sich in einer Situation — sogar wenn diese völlig unpersönlich ist — etwas verändert, zieht jenes Merkmal, an dem sich die Veränderung vollzog, im allgemeinen unsere Aufmerksamkeit auf sich. Sie entwickelte ein Trainingsprogramm, das den Kindern klarmachen sollte, daß die Veränderung bei den Invarianzaufgaben dennoch unwichtig und nicht zu beachten sei. Nach Durchführung dieses Programmes war eine deutliche Leistungssteigerung bei jenen Aufgaben, die mit den Kindern speziell geübt wurden (Längen- und Zahlkonstanz), festzustellen. Auch bei anderen Konstanzaufgaben, für die kein gezieltes Training stattgefunden hatte, zeigte sich eine gewisse Leistungsverbesserung.

SUSAN ROSE & MARION BLANK (1974) berücksichtigten diese Möglichkeit und fragten sich, was geschehen würde, wenn dem Kind eine Invarianzaufgabe mit nur einer Frage vorgelegt würde — d. h. eine Version, bei der die erste Frage ausgelassen wird. Das Kind wird nur einmal befragt und zwar, *nachdem* es die Umordnung der Gegenstände gesehen hat. Sie gingen dabei von der Überlegung aus, das Kind könnte die Wiederholung der Frage als einen Hinweis darauf verstehen, daß es sein anfängliches Urteil entsprechend der soeben beobachteten Veränderung abändern sollte. Sie stellten fest, daß sechs Jahre alte Kinder nicht nur bei der Version mit *einer* Frage weniger Fehler machten, sondern auch bei der Standardform des Invarianztests, der eine Woche später durchgeführt wurde. ROSE und BLANK folgerten daraus, daß Hinweise aus dem Situationszusammenhang, die Erwachsenen belanglos erscheinen würden, für Kinder unter Umständen keineswegs bedeutungslos sind.

Ein möglicher Unterschied zwischen Kindern und Erwachsenen könnte demzufolge darin bestehen, daß dem *rein sprachlichen Gehalt* verschieden großes Gewicht beigemessen wird. Die entscheidende Frage scheint zu sein, ob sich die Bedeutung der Sprache gegen die Bedeutung der Situation behaupten kann. Hat die Sprache Vorrang? Ist sie in der Lage, sich gegen naheliegende Erwartungen durchzusetzen?

JAMES McGARRIGLE (1974) entwickelte eine weitere Methode zur Untersuchung der Frage, ob die Reaktionen des Kleinkindes in Invarianzversuchen darauf zurückgehen, daß es der Bedeutung der *Situation* den Vorrang gibt. Seine Überlegung war, die Handlungen des zweiten Abschnitts so zu verändern, daß sie zufällig erscheinen würden — nicht vorsätzlich durch den Versuchsleiter herbeigeführt. Daher dürften sie auch ohne Bedeutung für den nachfolgenden dritten Abschnitt sein, in dem die ursprüngliche Frage wiederholt wird. Zu diesem Zweck führte McGARRIGLE in seine Versuchsanordnung die Figur des «bösen Teddy» ein — einen kleinen Teddybären, der immer wieder aus seiner Schachtel sprang, sich auf das Versuchsmaterial stürzte, alles durcheinanderbrachte und damit das schöne Spiel verdarb.

McGarrigles Versuch zeigte, daß diese Version der Aufgabe — bei der die Transformation scheinbar zufällig erfolgte — von den Kindern viel besser bewältigt wurde als die herkömmliche Version; ein viel größerer Teil der Vier- bis Sechsjährigen meinte nun auch bei der Wiederholung der Frage, das kritische Merkmal sei in beiden Fällen gleich.

Dieses Ergebnis wurde in einer unveröffentlichten Studie von Julie Dockrell an der University of Stirling (GB) repliziert. Zwar konnte sie keinen so gravierenden Einfluß der veränderten Versuchsanordnung feststellen — insbesondere bei jüngeren Versuchspersonen nicht — doch berichtet sie, daß der für die Gesamtheit der Versuchspersonen berechnete Unterschied zwischen der Version mit dem «bösen Teddy» und der herkömmlichen Aufgabeform so groß war, daß er aufgrund des Zufalls nur in einem von Tausend Fällen zu erwarten wäre. Darüberhinaus bestätigt ihre Untersuchung ein weiteres Ergebnis der ursprünglichen Untersuchung — und zwar die Beobachtung, daß Kinder, denen zuerst die Aufgabe mit dem «bösen Teddy» und danach die herkömmliche Version vorgelegt wird, wesentlich bessere Leistungen erbringen als Kinder, die diese beiden Aufgaben in umgekehrter Reihenfolge erhalten.

Es ist dies ein äußerst spannender Befund, der innerhalb der Theorie Piagets kaum erklärbar scheint. Im Rahmen von Piagets Betrachtungsweise ist es unverständlich; denn weshalb sollte der *Urheber* der Transformation eine entscheidende Bedeutung haben?

Wir müssen uns jedoch die Tatsache vor Augen halten, daß auch nach Hinzunahme des «bösen Teddy» als Urheber der Transformation eine Reihe von Kindern (ungefähr 30% einer Gruppe von 80 Kindern) die Konstanz des kritischen Merkmals nicht erkannte. Wodurch war ihre Reaktion bestimmt?

Es ist ein Charakteristikum der Erklärung Piagets, daß das Erscheinungsbild der Dinge wesentlich ist. Überlegen wir nun, wie der dritte Abschnitt eines Invarianzversuches für ein Kind verlaufen würde, das sein Denken nicht dezentrieren könnte. Dem Kind fiele das vorstehende Ende des einen Stabes oder irgendein anderer Aspekt des im zweiten Abschnitt eingeführten Unterschieds auf. Es wäre nicht in der Lage, den wahrgenommenen Unterschied auszugleichen, weder in Hinblick auf andere kompensierende Unterschiede (der Stab steht zwar vorne etwas vor, ist aber dafür hinten etwas eingerückt) noch in Hinblick auf die Ähnlichkeit im ersten Abschnitt (beide Stäbe waren gleich lang). Es würde daher unter dem beherrschenden Einfluß der Wahrnehmung eines Unterschiedes «nein» antworten, wenn es gefragt würde: «Sind sie gleich?».

Auch ohne sich auf die Unfähigkeit zur Dezentrierung des Denkens zu berufen, ist es möglich, anzunehmen, daß so etwas wie das Erscheinungsbild der Dinge dominierend sein könnte. Denn eine derartige «Vorherrschaft» kann zweifellos durch andere Faktoren hervorgerufen werden. Wir haben bereits gesehen, daß Konflikte auftreten können zwischen den Erwartungen bezüglich einer Frage, die gestellt werden wird, und dem sprachlichen Gehalt der dann tatsächlich gestellten Frage. Die bisher erörterten Erwartungen beruhen auf einer Beurteilung der Absichten des Versuchsleiters. Aber es ist durchaus denkbar, daß auch andere Erwartungen bestehen, unabhängig von den Absichten des Versuchsleiters.

Zur Veranschaulichung seien die Ergebnisse zweier Untersuchungen betrachtet. Die erste dieser beiden Untersuchungen wurde von PETER LLOYD und der Autorin (DONALDSON & LLOYD 1974), die zweite von JAMES MCGARRIGLE und der Autorin (MCGARRIGLE & DONALDSON 1974) durchgeführt.

Bei der ersten Untersuchung bestand die Aufgabe der Kinder darin, zu beurteilen, ob bestimmte Aussagen richtig oder falsch seien — ohne jedoch diese Ausdrücke zu verwenden. Auch stammten die Aussagen angeblich nicht von einem Erwachsenen, um zu vermeiden, daß die Urteile der Kinder durch die möglicherweise zu große Autorität des Erwachsenen beeinflußt würden. Stattdessen wurde ein großer Plüschbär eingesetzt, der scheinbar sprechen konnte. Die Kinder sollten dem Bär helfen, indem sie ihm sagten, ob er recht hatte oder nicht. Dies machte ihnen offensichtlich großen Spaß.

Den Kindern — und vorgeblich auch dem Bär — wurden sodann vier Garagen, in einer Reihe aneinandergefügt, und eine Anzahl von Spielzeugautos gezeigt. Manchmal waren es drei Autos, manchmal fünf. Die zu beurteilenden Aussagen waren unter anderem folgende:

Alle Autos sind in den Garagen.
In allen Garagen sind Autos.

Wenn «alle Autos» drei Autos bedeutete, wurden tatsächlich alle drei in Garagen gestellt, so daß die erste Aussage richtig war. In dieser Situation war freilich die zweite Aussage falsch, denn eine Garage stand leer.

Waren jedoch insgesamt fünf Autos vorhanden, so hatten sie nicht alle in den Garagen Platz. In diesem Fall wurden vier Autos in die Garagen gestellt, während das fünfte deutlich sichtbar draußen stehen blieb. Nun verhielt es sich mit der Richtigkeit der beiden Aussagen genau umgekehrt: die erste war falsch, die zweite dagegen richtig.

Aber nicht alle Kinder waren dieser Meinung. Der Versuch ergab ein Antwortmuster, das wir in keiner Weise vorhergesehen hatten. Einige der Kinder hielten *beide* Aussagen für falsch, wenn es nur drei Autos gab, und beide Aussagen für richtig, wenn es fünf Autos waren. Wenn sich also auf vier Garagen drei Autos verteilten, sagten die Kinder dem Bär, seine Behauptung, alle Autos seien in den Garagen, wäre falsch; stand vor den vier besetzten Garagen noch ein fünftes Auto, so bestätigten die Kinder die Aussagen des Bärs, alle Autos seien in den Garagen.

Auf den ersten Blick könnte man meinen, die Kinder hätten die Bedeutung des Wortes «*alle*» nicht verstanden; aus anderen Befunden ging jedoch deutlich hervor, daß diese Erklärung nicht gültig ist. So hatten die Kinder zum Beispiel keinerlei Schwierigkeiten, zu beurteilen, ob alle Garagentüren geschlossen seien.

Eine andere mögliche Erklärung — zumindest für den Fall der drei Autos — war folgende: Die Kinder verstanden unter «alle Autos» nicht *alle* Autos, die vorhanden waren (obwohl ihnen dies gezeigt wurde mit ausdrücklicher Betonung, dies wären «*alle* Autos»), sondern sie interpretierten diesen Ausdruck im Sinne aller zu den Garagen gehörigen Autos — etwa als «*alle Autos, die da sein sollten*». Schließlich kann die Frage: «Hast du alle Messer und Gabeln auf den Tisch getan?» zwei Bedeutungen haben, entweder «alle Messer und Gabeln, die notwendig sind» oder «alle Messer und Gabeln, die in der Schublade sind». Welche Bedeutung wir wählen, hängt vom Gesamtzusammenhang ab — wird beispielsweise dadurch bestimmt, ob wir gerade dabei sind, die Schublade auszuräumen, oder ob wir eine Mahlzeit vorbereiten.

Auf jeden Fall wurde in dem soeben beschriebenen Experiment deutlich, daß die Kinder so reagierten, als achteten sie stets darauf, ob die Garagen gefüllt wären oder nicht. Die Aussage, die sie, ungeachtet des veränderten sprachlichen Gehaltes, tatsächlich beurteilten, war folgende: «Alle Garagen sind voll.» Und wenn sie dem Bär widersprachen und ihm den Grund dafür erklären wollten, ging es fast immer um den Begriff des Vollseins. Behauptete der Bär bei drei Autos in vier Garagen: «Alle Autos sind in den Garagen», so entgegnete das Kind beispielsweise: «Das stimmt nicht, weil eine leer ist.» Die Beobachtung des Verhaltens und der Äußerungen der Kinder ließ den deutlichen Eindruck entstehen, daß die leere Garage aus irgendeinem Grund für sie *bedeutsam* war, daß sie alles, was gesagt wurde, im Hinblick auf diese Bedeutsamkeit interpretierten.

Wir müssen also berücksichtigen, daß die Erwartungen des Kindes nicht nur durch die Hinweise auf die Absichten des Sprechers, sondern auch durch eher unpersönliche Aspekte der gegebenen Situation beeinflußt werden. Die zweite Untersuchung deutet auf dieselbe Schlußfolgerung hin. Sie war der ersten Untersuchung in ihrer Art sehr ähnlich, doch beantworteten die Kinder nunmehr Fragen, anstatt die Richtigkeit von Aussagen zu beurteilen.

Es wurden wiederum Spielzeugautos und -garagen verwendet. Die Autos wurden diesmal genau übereinander auf zwei Regalbrettern angeordnet. Bei diesem Versuch war ein Vergleich gefordert, und die Kinder sollten beide Reihen deutlich erkennen können. Auf dem einen Brett befanden sich fünf Autos, auf dem anderen vier. Die Autos wurden von links beginnend genau untereinander aufgereiht, so daß am rechten Ende stets in einer der beiden Reihen ein überzähliges Auto stand. Die Frage, die von den Kindern beantwortet werden mußte, war: «Sind auf diesem Regalbrett mehr Autos oder auf diesem?» Diese Frage beantworteten die Kinder im allgemeinen schnell und ohne Schwierigkeit. Doch nun wurde eine Veränderung vorgenommen. Jede der beiden Autoreihen wurde von einer Reihe von Garagen überdeckt. (Die Garagen hatten keinen Boden und konnten daher problemlos aufgestellt bzw. weggenommen werden.) Die aus vier Autos bestehende Reihe wurde von einer Reihe von vier Garagen umschlossen, so daß in diesem Fall alle Garagen besetzt waren. Die fünf Autos umfassende Reihe wurde durch eine Reihe von sechs Garagen ergänzt, so daß eine Garage leer blieb. (Die Hälfte der Kinder wurde in umgekehrter Reihenfolge mit den beiden Bedingungen konfrontiert: zuerst standen die Autos in den Garagen, dann wurden die Garagen entfernt.) Die eingangs gestellte Frage wurde nun wiederholt. Und siehe da, ungefähr ein Drittel der Kinder änderte sein Urteil und behauptete nunmehr, auf dem Regalbrett mit vier Autos befänden sich mehr Autos als auf dem Regalbrett mit fünf Autos!

Wie ist diese Reaktionsweise zu verstehen? Zunächst fällt auf, daß hier eine interessante Parallele zu den klassischen Invarianztests besteht, (Siehe Seite 67). Das Kind gibt auf eine Frage eine bestimmte Antwort; sodann wird eine (für die «Bedeutung» des Wortlauts der Frage) belanglose Veränderung durchgeführt, und nun gibt das Kind auf dieselbe Frage plötzlich eine andere Antwort.

Verfügt das Kind vielleicht über eine ganze Reihe verschiedener Bedeutungen für die Worte der Sprache, die es wechselweise seiner Interpretation zugrunde legt? Wenn ja, so erfolgt dieser Wechsel sicherlich nicht zufällig, denn sonst wäre es kaum möglich, daß ganze Gruppen von Kindern ihre Interpretation in der gleichen Form verändern. Es ist offensichtlich etwas anderes als die bloßen Worte, was die Interpretation des Kindes in eine bestimmte Richtung drängt.

In der zweiten Untersuchung — wie auch bei den üblichen Invarianzversuchen — könnten Überlegungen bezüglich der Absichten des Sprechers das Ergebnis beeinflußt haben. Aber weshalb meinten die Kinder, wenn die Garagen über die Autos gestülpt waren, sie sollten ausgerechnet auf den Grad der *Gefülltheit* und nicht zum Beispiel auf die Länge der Garagenreihe achten?

Zudem ist es bei der ersten Untersuchung, in der ein Spielzeugbär als Sprecher fungierte, nicht so leicht, als Erklärung die Erwartungen hinsichtlich der Absichten des Sprechers heranzuziehen. Es scheint, als müssen wir hier die kindliche *Deutung* betrachten. Es sieht so aus, als ginge es dem Kind um den Aspekt der Gefülltheit obwohl die Worte, die zu ihm gesprochen werden, nicht in diese Richtung deuten.

Dieser Vermutung liegen einige sehr wesentliche Vorstellungen über unsere Beziehung zur Welt zugrunde. Die wohl wichtigste Überlegung ist, daß diese Beziehung von Anfang an für uns *eine aktive* ist. Wir sitzen nicht einfach da und warten darauf, daß die Welt an uns herankommt. Wir bemühen uns vielmehr aktiv um eine Interpretation — um ein Begreifen. Wir setzen uns mit ihr auseinander, wir durchdringen sie gedanklich, *wir machen uns ein Bild von ihr.*

Anders ausgedrückt, wir sind von Natur aus Fragende. Wir nähern uns der Welt voller Neugier, erstellen Hypothesen, die wir überprüfen wollen. Unsere Fragen richten wir nicht nur an andere, sondern vor allem an uns selber; wir legen es in unsere Verantwortung, durch direkte Erforschung der Welt zu einer Antwort zu gelangen. Auf diese Weise entwickeln wir ein *Modell* der Welt, ein System geistiger Bilder, die uns helfen, Ereignisse vorherzusagen und zu bewältigen.

Solche Erwartungen, die soeben erörtert wurden, besitzen bekanntermaßen eine sehr große Wirkung. Die Annahme lautet: Ein Kind, das Worte hört, die sich auf seine gegenwärtig wahrgenommene Situation beziehen, wird in seiner Interpretation dieser Worte durch die Erwartungen beeinflußt, die es an die Situation heranträgt. Wenn es geneigt ist, die Situation in einer bestimmten Art zu deuten, indem es einzelne Teilaspekte stärker bewertet als andere, so bestimmt diese Prädisposition, wie es das Gesprochene versteht.

Gleichwohl darf nicht vergessen werden, daß dieser Einfluß in beide Richtungen gehen kann; d. h. auch die Art der Beschreibung einer Situation nimmt Einfluß darauf, wie das Kind sie deutet. ROBERT GRIEVE (1977) führte mit einigen Kollegen kürzlich eine wichtige Untersuchung durch, in der Vorschulkinder mit zwei unterschiedlich großen Pappschachteln konfrontiert wurden. Diese beiden Schachteln wurden einmal als «die große Schachtel» und «die kleine Schachtel», ein andermal als «Tisch» und «Becher» oder als «Badewanne» und «Baby» und ähnliches bezeichnet. Dann wurden die Kinder aufgefordert, einen der beiden Gegenstände *in, auf* oder *unter* den anderen zu tun. Das wichtigste Ergebnis dieses Versuchs war die Beobachtung, daß die Reaktionen auf die Anweisungen dadurch beeinflußt wurden, welche Bezeichnung für die Schachteln verwendet wurden. Dies war sogar bei Kindern zu beobachten, die nicht älter als zwei Jahre waren.

Wir gelangen somit zu folgendem Schluß: Wenn ein Kind unsere Worte interpretiert, so wird seine Interpretation durch mindestens drei Faktoren (und deren Wechselwirkungen) bestimmt: durch seine Kenntnisse der Sprache, durch seine Einschätzung unserer Absichten (aufgrund unseres nichtsprachlichen Verhaltens) sowie durch sein Erleben der äußeren Gegebenheiten, unabhängig von unserer Gegenwart.

Hier stellt sich nun die Frage, ob sich in dieser Hinsicht die Interpretationsprozesse der Kinder von denen der Erwachsenen unterscheiden.

Möglicherweise sind sie über weite Strecken nicht nennenswert verschieden. Zweifellos gilt auch für Erwachsene, daß ihre Kommunikation durch Einschätzungen der Absichten des Sprechers, sowie der äußeren Gegebenheiten beeinflußt wird.

In unseren alltäglichen Gesprächen richten wir uns niemals nur nach der «rein sprachlichen Bedeutung» des Gesagten. Eine Reihe von Beispielen hierfür wird von ZIFF (1972) angeführt. Hören wir beispielsweise über ein Fußballspiel die Aussage: «Niemand wurde ohne Eintrittskarte eingelassen», würden wir uns in unserer Interpretation nicht strikte an die Bedeutung des Wortes «niemand» halten. Anders ausgedrückt, wir würden daraus keineswegs schließen, daß auch die Angestellten und die Spieler Karten gebraucht hätten, um ins Stadion zu gelangen. Wenn wir die Äußerungen anderer interpretieren, bedienen wir uns zusätzlich zu unserer Kenntnis der Sprache fortwährend (und meist, ohne uns dessen bewußt zu sein) unseres Wissens über bestimmte Sachverhalte.

Dennoch bleibt die Tatsache bestehen, daß wir über bestimmte Reaktionsweisen von Kindern, wie zuvor erörtert, überrascht sind. Zudem sind diese Reaktionen bei älteren Versuchspersonen nicht zu finden. Worin besteht nun die Veränderung? Es gibt mehrere potentielle Ursachen für diese Unterschiede:

(a) Das Kleinkind besitzt weniger umfassende Sprachkenntnisse, beziehungsweise es setzt in sie weniger Vertrauen. Folglich mißt es nichtsprachlichen Hinweisen eine größere Bedeutung bei, denn da fühlt es sich sicher. (Es könnte sein, daß dieser Unterschied nur in Situationen, in denen die Sprachkenntnisse des Kindes nicht ausreichend sind, zum Tragen kommt — es könnte aber auch sein, daß Kinder derartigen Hinweisen grundsätzlich mehr Bedeutung beimessen als Erwachsene.)

(b) Das Kind hat noch nicht gelernt, zwischen Situationen zu unterscheiden, in denen sprachliche Mitteilungen Vorrang haben, und Situationen, in denen dies nicht gilt.

Situationen, in denen ein Erwachsener mit einem Kind einen *Versuch durchführt,* gehören gewöhnlich zur erstgenannten Gruppe. Aber das Kind weiß dies vielleicht nicht, und bislang war es bei Versuchen keineswegs allgemein üblich, es darauf aufmerksam zu machen. In der Untersuchung mit dem sprechenden Bär sollte das Kind jedoch beurteilen, was der Bär *sagte,* und es wurde große Sorgfalt darauf verwendet, dies dem Kind verständlich zu machen. Dennoch unterschieden sich die Ergebnisse nicht wesentlich von jenen in ähnlichen Untersuchungen. Das führt uns nun zur dritten Möglichkeit.

(c) Das Kind ist nicht in der Lage — oder hat zumindest große Mühe —, den sprachlichen Mitteilungen als solchen ungeteilte Aufmerksamkeit zu schenken.

An einer späteren Stelle wird noch darauf zurückzukommen sein, wodurch ihm dies erschwert beziehungsweise erleichtert werden könnte.

Zunächst müssen wir uns jedoch mit zwei Befunden aus verschiedenen Quellen auseinandersetzen. Diese scheinen zu der hier entwickelten Argumentation im Widerspruch zu stehen.

Unsere Argumentation ließ uns zu dem Schluß gelangen, daß in solchen Situationen, in denen Wortinterpretation und Erwartung nicht übereinstimmen, im allgemeinen nichtsprachliche Mitteilungen den Sieg davontragen. Es liegt jedoch eine Untersuchung vor, in der sich die Bedeutung des gesprochenen Wortes durchzusetzen schien — und zwar mit grotesken Folgen.

ROBIN CAMPBELL erzählte in seinem Versuch 24 Kindern zwischen drei und fünf Jahren eine Geschichte, die im folgenden auszugsweise wiedergegeben wird (CAMPBELL & BOWE 1977):

She would like to work in the big post office but she works in a *branch* ... As they were driving along they saw a *hare* run across a field ... Then they got back into the car and drove to the seaside. When they got there they went for a walk along the *quay* ... «Look at this castle», said Jane's Daddy. «The oldest *wing* is over 500 years old.» ... They got held up behind a lot of other cars, all going very slowly. «I hope we get out of this *jam* soon», said Jane's Daddy.[2]

---

[2] Da der im Versuch verwendete Text von Besonderheiten des englischen Wortschatzes ausgeht, wurde er im Original belassen. In der nachstehenden Übersetzung wurde bei den jeweiligen Begriffen entweder die den Kindern vertraute primäre Bedeutung oder das vertrautere Wort, mit dem es verwechselt worden war, in Klammern hinzugefügt:
Sie würde gerne in der Hauptpost arbeiten, aber sie arbeitet in einer Zweigstelle (branch = Zweig eines Baumes; hier: Zweigstelle) ... Als sie daherfuhren, sahen sie einen Hasen (hare; Homophone: hair = Haar, Haare) über ein Feld laufen ... Dann stiegen sie wieder ein und fuhren ans Meer. Dort machten sie einen Spaziergang entlang der Kais (quay; Homophone: key = Schlüssel) ... «Sieh dir dieses Schloß an», sagte Janes Vater, «der älteste Flügel (wing = Flügel eines Gebäudes oder eines Vogels) ist älter als 500 Jahre» ... Sie wurden durch eine Kolonne aufgehalten, die sehr lang-

Die Kinder sollen dann auf zeichnerischem Wege zeigen, was sie sich unter *hare* (Hase), *quay* (Kai), *wing* (Flügel) und so weiter vorstellten. Ein Großteil der Kinder zeichnete daraufhin ein Haar oder einen ganzen Haarschopf (*hair*), einen Schlüssel (*key*), einen Vogelflügel (*wing*) und so weiter. Die Kinder wurden auch befragt. Im folgenden einige Beispiele:

«What does a hare look like?» [«Wie sieht ein Hase (ein Haar) aus?»][3]

Das Kind deutet auf sein Haar. «Do you think it would be running across the field?» [«Meinst Du, daß er (es) über ein Feld laufen würde?»] «Ja.»

«What sort of a thing is a quay for?» [«Was ist ein Kai (ein Schlüssel)? Wozu braucht man ihn?»] «Um Türen aufzumachen.» «Do you think they could walk along a quay?» [«Glaubst du, daß man den Kai (den Schlüssel) entlanggehen könnte?»] Das Kind nickt.

Insgesamt wurden in nicht weniger als 31 % der Fälle solch seltsame Antworten gegeben.

Wir haben wiederholt zeigen können, daß Kleinkinder in ihrer Interpretation sprachlicher Äußerungen sehr stark durch den Kontext beeinflußt werden können, so daß sie den Worten an sich nicht genügend Beachtung schenken. Dieser Versuch liefert nun den Beweis dafür, daß eine Situation gefunden werden kann, in der das Gegenteil der Fall ist. Die Interpretationen, zu denen die Kinder gelangten, sind nur möglich, wenn die Wörter einzeln und ohne Rücksicht auf den Zusammenhang betrachtet werden. Die Wörter *hare, quay, wing* und so weiter werden also im Sinne ihrer üblichen Bedeutung interpretiert, obwohl dies im Zusammenhang keinen Sinn ergibt. Was ist der Grund dafür?

Dazu sind zunächst zumindest die folgenden vier Punkte festzuhalten: Erstens war der Rahmen, in dem der Versuch ablief, der des Geschichtenerzählens; in den Geschichten, wie sie Kindern im allgemeinen erzählt werden, geschehen oft merkwürdige und wundersame Dinge. Zweitens dürften die Kinder mit den kritischen Wörtern — oder besser, den gleich lautenden Wörtern: *hair, key* usw.

---

sam fuhr. «Ich hoffe, wir kommen bald aus diesem Verkehrsstau (jam = Stau; vertrauter: Marmelade) heraus», sagte Janes Vater.
[3] Die folgenden Übersetzungen beziehen sich darauf, wie die Fragen vom Versuchsleiter gemeint waren (und wie sie vom Kind verstanden wurden).

— wohlvertraut gewesen sein, und zwar in einer Bedeutung, die mit dem Kontext der Geschichte nur schwer in Einklang zu bringen war. Sie kannten diese Wörter vermutlich gar nicht in einer anderen Bedeutung. Drittens gab es keinen erkennbaren nichtsprachlichen Kontext, der das Ergebnis hätte beeinflussen können — keine Autos oder Garagen, keine Stäbchenpaare, keine Spielzeugkühe oder Spielzeugpferde. Viertens bezogen sich die Fragen des Versuchsleiters aus eben diesem Grunde nicht auf einen derartigen Kontext. Stattdessen wurden die Wörter aus dem Textzusammenhang herausgenommen und zum Gegenstand von Fragen gemacht: «Was ist ein Kai?» und so weiter. In allen diesen Punkten unterschied sich die Situation in diesem Versuch ganz deutlich von den weiter vorne in diesem Kapitel beschriebenen Versuchen.

Dies ändert jedoch nichts an der höchst merkwürdigen Tatsache, daß eine beträchtliche Zahl von Kindern, anstatt ein Tier zu zeichnen, das über ein Feld läuft, oder einen Uferweg, den man entlang gehen könnte, sowie einen einigermaßen vernünftigen Teil eines Schlosses, Zeichnungen von Haaren, von einem Schlüssel sowie einem Vogelflügel anfertigten und anschließend unsinnige Behauptungen aufstellten — oder zumindest akzeptierten. Dieselbe Tendenz, derart Bizarres hinzunehmen, zeigte sich auch in einer neueren Untersuchung von MARTIN HUGHES & ROBERT GRIEVE. Sie stellten Kindern im Alter zwischen fünf und sieben Jahren unbeantwortbare Fragen, wie zum Beispiel: «Ist Milch größer als Wasser?» Die Kinder weigerten sich keineswegs, die Fragen zu beantworten (die einzige Ausnahme machte der Jüngste in der Gruppe, ein knapp fünf Jahre alter Knabe, der sich herrlich amüsierte!), sondern gaben ernsthafte Antworten, die sie auch begründeten, wie etwa im folgenden: «Milch ist größer, weil sie farbig ist.»

Entwicklungspsychologen, Lehrer und nicht zuletzt auch Eltern sollten das zur Kenntnis nehmen und stets berücksichtigen.

In der zweiten Gruppe von Befunden, die der zentralen These dieses Kapitels zu widersprechen scheinen, geht es um etwas ganz anderes. Es handelt von dem Verhältnis zwischen der *Verwendung* oder dem Hervorbringen sprachlicher Äußerungen einerseits und ihrem Verstehen andererseits.

Aus unserer bisherigen Argumentation wird deutlich, daß es irreführend wäre, von der Leichtigkeit, mit der Vorschulkinder unsere

Sprache zu verstehen scheinen, auf ihre Fertigkeit im Umgang mit der Sprache *als solcher* zu schließen. Sicherlich begreifen sie im allgemeinen, was gesagt wird, aber es sind zweifellos nicht nur die Worte, die sie verstehen; sie stützen sich, wie gezeigt werden kann, in ganz beträchtlichem Maße auf Hinweise anderer Art.

Es ist unbestreitbar, daß Vorschulkinder die Sprache häufig mit großer Geschicklichkeit und Flüssigkeit verwenden. Hier sei nur an die in Kapitel 5 zitierten Bemerkungen zu Vorlesegeschichten erinnert: «Wie viele Sachen er nimmt! Er kann nicht ... er hat nur zwei Hände und kann unmöglich alle diese Sachen tragen» — und so weiter. Diese Äußerungen sind — in syntaktischer wie in semantischer Hinsicht — mindestens ebenso komplex wie Sätze der Art: «Alle Autos sind in den Garagen». Bedeutet dies nun, daß die Fähigkeit, die Sprache zu *verwenden,* der Fähigkeit, sie zu verstehen, vorausgeht?

Diese Frage zu bejahen, mag auf den ersten Blick unsinnig erscheinen. Oberflächlich betrachtet ist es völlig unmöglich, sprachliche Äußerungen mit Erfolg als Kommunikationsmittel einzusetzen, ohne sie auch zu verstehen. Folglich sollte das Verstehen einer Äußerung ihrer Verwendung vorangehen. Tatsächlich liegen Untersuchungen vor, deren Ergebnisse in weiten Kreisen als Bestätigung für diese Behauptung angesehen werden.

Die Behauptung, das Verstehen käme vor dem Sprechen, erweist sich jedoch als grobe Vereinfachung. Der Begriff des «Verstehens» ist äußerst vielschichtig; mindestens zwei Fragen sind in der Diskussion zu unterscheiden, wenn Unklarheit vermieden werden soll. Zum einen stellt sich die Frage, ob das Kind die Worte, die es hört, insofern versteht, als sie «seinem Wortschatz angehören» — d. h. ihm ihre Bedeutung nicht völlig unbekannt ist. Zum anderen ist zu untersuchen, ob das Kind die Worte, sofern es sie im oben genannten Sinn erfaßt, in einer gegebenen Situation in ihrem (sprachlichen wie nichtsprachlichen) Zusammenhang so versteht, wie sie vom Sprecher gemeint waren.

Einer weit verbreiteten, aber naiven Annahme zufolge handelt es sich beim Verstehen von Wörtern um eine Alles-oder-nichts-Angelegenheit; entweder versteht man ein Wort oder man versteht es nicht. In Wirklichkeit verhält es sich jedoch anders. Das Wissen um die Bedeutung der einzelnen Wörter nimmt stetig zu — entwickelt und verändert sich. Außerdem beruht das Verstehen einer

Äußerung nicht allein auf der fortlaufenden Addition der einzelnen Wortbedeutungen. Es ist vielmehr ein aktiver Prozeß, in dem die Äußerung als ganze strukturiert und gedeutet wird. Folglich stellt die «richtige» Interpretation eines Wortes in einer bestimmten Situation keine Garantie dafür dar, daß es auch in einem anderen Fall richtig verstanden wird. ALISON MACRAE zeigte beispielsweise, daß Kinder in ihrer Interpretation von Sätzen, in denen es um die Präpositionen der Richtung *nach/von, hinein/heraus* und *hinauf/herunter* ging, durch die Art und Weise beeinflußt wurden, wie ihnen die Aufgabe dargeboten wurde. Durch Veränderung der Versuchssituation konnte sie unterschiedliche Grade eines einleuchtenden Verstehens erzielen.

In der vereinfachten Erörterung von Sprache und Sprachverständnis wird ein wichtiger Sachverhalt übersehen, der das Sprechen unter normalen Umständen stark begünstigt: Beim Sprechen hat der Sprecher die Kontrolle — er selbst entscheidet, worüber er spricht.

Der entscheidende Punkt ist, daß unsere Äußerungen normalerweise in einen sinnvollen Zusammenhang eingebettet sind, der unsere Aussagen unterstützt — oder ihnen zumindest nicht widerspricht, denn wir passen unsere Äußerungen der jeweiligen Gegebenheit an. Das Kind wird auf etwas Interessantes in seiner Umgebung aufmerksam und spricht darüber. Es denkt an etwas, das ihm wichtig ist, und wählt für die Mitteilung seiner Gedanken die Form, die ihm am nächsten liegt. Wenn das Kind selbst spricht, wird von ihm nie verlangt, sich entgegen seiner eigenen Deutung der Situation — der Art und Weise, wie es die Situation spontan wahrnimmt — zu verhalten. Wird es hingegen zum Zuhörer, so ist dies nicht mehr unbedingt der Fall. Und es ist sicherlich selten der Fall, wenn es sich in der formalen Situation eines psychologischen Versuchs in der Rolle des Zuhörers befindet — oder gar, wenn es als Schüler in die Schule kommt.

LOIS BLOOM (1974) beschreibt interessante Ergebnisse aus der Arbeit mit einem 32 Monate alten Jungen namens Peter. Peter erwies sich als unfähig, eine Reihe von Sätzen, die er am Tag zuvor selbst spontan geäußert hatte, richtig nachzusprechen. Als Peter im Rahmen eines Spieles zum Beispiel den Satz: «Ich versuche, diese Kuh da hineinzubringen» nachsprechen sollte, sagte er bloß: «Kuh da hinein». Und im Falle des Satzes: «Du hast ihn dort hinaufgestellt» gab er nur: «Du hinaufgestellt» von sich. LOIS BLOOM gelangt zu dem Schluß, daß die Schwierigkeit bei der Nachsprechaufgabe darin bestand, daß kein Bezug zum unmittelbaren Situationszusammenhang und zum Verhalten vorhanden war, der die Sätze getragen hätte.

DAN SLOBIN & CHARLES WELSH (1973) berichten von Befunden, die mit BLOOMS Ergebnissen übereinstimmten. SLOBIN & WELSH stellten fest, daß das Nachsprechen eines Satzes eher gelingt, wenn es unmittelbar im Anschluß an die spontane Äußerung verlangt wird, als wenn auch nur wenige Minuten dazwischen liegen. Der Satz: «Wenn du dein Ei aufgegessen hast, Vati, dann kannst du deinen Kaffee haben» wird unmittelbar danach in der folgenden Weise wiedergegeben: «Nachdem du dein Ei aufgegessen hast, kannst du deinen Kaffee haben, Vati.» Wird der ursprüngliche Satz jedoch nach einem Intervall von zehn Minuten wiederum zum Nachsprechen vorgegeben, so bringt das Kind nicht mehr heraus als: «Du kannst Kaffee haben, Vati, nachher.»

SLOBIN & WELSH meinen, daß das Kind in der Situation des spontanen Sprechens die Absicht hat, etwas Bestimmtes zu sagen, — und daß diese Absicht die komplexe Aussage stützt und trägt. Wenn die Absicht nicht mehr besteht und das Kind die Aussage als reine Sprachäußerungen, die zusammenhanglos dasteht, verarbeiten muß, dann ist dies für das Kind eine ganz andere Aufgabe. Das entspricht voll und ganz den Ausführungen dieses Kapitels.

7. Abgelöstes Denken und die Werte unserer Gesellschaft

Am leichtesten finden wir uns zurecht, wenn unsere Auseinandersetzung mit den Menschen und Dingen unserer Umwelt im Zusammenhang mit ganz unmittelbaren Zielen und Absichten und vertrauten Ereignismustern erfolgen kann. In einem derartigen Rahmen haben wir kaum Schwierigkeiten mit schlußfolgerndem Denken, auch dann nicht, wenn es in Worten und aus einiger Distanz geschehen soll. Solange unser Denken durch allgemeinverständliche Zusammenhänge getragen wird und die Schlußfolgerung, zu der wir aufgrund unserer Überlegungen gelangen, nicht im Widerspruch steht zu irgendwelchen Dingen, die wir glauben oder glauben möchten, gibt es in der Regel kaum Probleme. Demgemäß gelingt es sogar häufig Kindern im Vorschulalter, zu den Geschichten, die sie hören, zutreffende schlußfolgernde Überlegungen anzustellen. Verlassen wir jedoch den Bereich allgemeinverständlicher Zusammenhänge, so ergibt sich eine völlig andere Situation. Die Art des Denkens, die sich nicht mehr innerhalb des stützenden Zusammenhanges bedeutungsvoller Ereignisse bewegt, wird häufig als «formales» oder «abstraktes» Denken bezeichnet. Da diese beiden Ausdrücke jedoch in so vielen unterschiedlichen Zusammenhängen verwendet werden, sei hier ganz darauf verzichtet, um weitere Unklarheiten zu vermeiden. (Beispielsweise ist diese Art des Denkens, die hier gemeint ist, in keiner Weise mit dem Begriff des «formalen operationalen Denkens» bei PIAGET und noch weniger mit dem Verstehen «abstrakter Begriffe» wie «Hoffnung» oder «Gerechtigkeit» gleichzusetzen). Im folgenden soll deshalb anstelle von «formalem» oder «abstraktem» Denken von abgelöstem Denken[1] (= abgelöst von konkreten Inhalten) gesprochen werden — in der Hoffnung, daß diese Bezeichnung am ehesten die Auffassung vermittelt, daß es sich hier um eine Art des Denkens handelt, die sich von der ursprünglichen, inhaltsgebundenen Struktur, die anfänglich unser gesamtes Denken umgreift, abgelöst hat.

Nichtsdestoweniger ist leicht erkennbar, weshalb abgelöstes Denken häufig als «formales» Denken bezeichnet wird. Denn eine

---

[1] Im englischen Original «disembedded thinking».

Möglichkeit, über die Grenzen des Allgemeinverständlichen hinauszugehen, besteht darin, die *Form* oder die logische Struktur von Schlußfolgerungsprozessen in einer Art und Weise darzustellen, die den Inhalt beziehungsweise die Bedeutung völlig außer acht läßt. Was dies bedeutet, sei anhand des Beispiels der (in Kapitel 5 bereits zitierten) Worte des Kindes untersucht, das sagte:

«Aber wie ist das möglich [daß sie heiraten]? Es muß doch auch ein Mann dabei sein!»

Die dieser Äußerung zugrundeliegenden schlußfolgernden Überlegungen können offensichtlich auch in der folgenden Weise wiedergegeben werden:

Wenn eine Hochzeit stattfindet, ist ein Mann dabei.
Es ist kein Mann dabei.
Daher findet keine Hochzeit statt.

Betrachten wir nun die Form beziehungsweise Struktur dieses Schlusses. Dazu muß zunächst die Beweisführung in einzelne Aussagen oder Sätze aufgegliedert werden. Lediglich zwei Sätze — sowie deren Negationen — sind in diesem Fall beteiligt: *es findet eine Hochzeit statt* und *es ist ein Mann dabei.*

Diese Aussagen haben aber Bedeutungsinhalte, die bei der Betrachtung der reinen Form eliminiert werden müssen.

Zu diesem Zweck sei die erste der beiden Aussagen — *es findet eine Hochzeit statt* — durch das Symbol *p* und die zweite — *es ist ein Mann dabei* — durch das Symbol *q* ersetzt.

Der Schluß erhält damit folgende Form:

Wenn *p*, dann *q*.
Nicht q
Daher *kein p.*

Bemerkenswert daran ist, daß der Schluß, sobald er in dieser Form erscheint, für viele Menschen äußerst verwirrend wird. Dem menschlichen Verstand fällt es nicht leicht, mit bedeutungslosen Symbolen umzugehen. Der kleine Nils kann schon im Alter von vier Jahren problemlos hinsichtlich des Zusammenhanges zwischen Hochzeiten und Männern Schlüsse ziehen. Wenn es aber darum geht, sich mit Symbolen wie *p* und *q* zu befassen, haben auch viele Erwachsene noch Schwierigkeiten.

Zugleich darf jedoch nicht übersehen werden, daß in unserer Gesellschaft gerade jene Art des Denkens, für die der Schluß: «Wenn *p*, dann *q*. *Kein q,* daher *kein p*» zwar ein verhältnismäßig extremes, aber zugleich grundlegendes Beispiel bietet, den höchsten Wert besitzt. Je besser ein Mensch mit Problemen umgehen kann, ohne dabei auf die Unterstützung durch einen allgemeinverständlichen Zusammenhang angewiesen zu sein, desto eher kann er in unserem Bildungssystem erfolgreich bestehen, desto eher findet er Anerkennung und Bestätigung.

Als ich vor einigen Jahren den herkömmlichen Gebrauch und das überlieferte Wissen bezüglich der Konstruktion von Intelligenztests kennenlernte, stellte ich die Frage: Wie werden die Aufgaben für diese Tests ausgewählt? Die Antwort war, daß jene Aufgaben ausgesucht würden, die den Schulerfolg am genauesten vorhersagten. Ich fragte sodann, wovon es denn abhängt, daß sich bestimmte Aufgaben gut zur Vorhersage eignen, doch auf diese Frage schien es keine zufriedenstellende Antwort zu geben. Ich beschloß daher, zu untersuchen, was es mit den Aufgaben tatsächlich auf sich hatte, die große Vorhersagekraft besaßen. Ich fragte mich, woran es liegt wenn die Kinder versagten — worin die Ursache ihres Scheiterns zu suchen ist.

Um dies herauszufinden, setzte ich mich mit einer Reihe von Kindern zwischen neun und dreizehn Jahren zusammen und ließ sie eine Auswahl typischer Aufgaben bearbeiten. Ich bat sie, mir zu sagen, was sie da machten; sie sollten so weit wie möglich «laut denken».

Es war sehr aufschlußreich, zu sehen, daß ein Großteil der Fehler einer Kategorie zuzuordnen war, die ich als «willkürliche Fehler» bezeichnete. Bei dieser Art des Fehlers lag das Versagen in der Art und Weise, wie das Kind gedanklich an die Aufgabe heranging. Die falsche Antwort entstand dabei dadurch, daß es sich in seinen Schlüssen nicht streng an die vorgegebenen Prämissen hielt; entweder führte es zusätzliche eigene Prämissen ein — die sich häufig auf allgemeinverständliche Zusammenhänge gründeten —, oder es vernachlässigte einen Teil dessen, was «gegeben» war.

Nun gehört es aber zum Wesen dieser Art von Aufgaben, daß es erforderlich ist, ganz genau bei den vorgegebenen Prämissen zu bleiben. Die Aufgabe ist absolut isoliert zu betrachten — losgelöst von allem, was sonst existiert. Alles, was einem sonst noch wichtig erscheinen mag, was man darüberhinaus vielleicht weiß — alle diese Überlegungen müssen beiseite geschoben werden. Was hier verlangt wird, ist die davon abgelöste Art des Denkens. Es liegt im Wesen solcher Denkaufgaben, daß von einem begrenzten Satz von Prämissen oder Voraussetzungen ausgegangen werden muß, die anschließend auf das genaueste zu beachten sind. Wenn also eine Aufgabe zu lösen ist, in der es um zwei kleine Buben namens Peter und Thomas geht, ist es in keiner Weise angebracht, eventuell vorhandenes Wissen über irgendwelche tatsächlich existierende Personen dieses Namens in die Lösung der Aufgabe einzubeziehen.

Fünf- oder sechsjährige Kinder etwa bringen derartiges Wissen in vielen Fällen völlig offen und in großzügigem Maße in die Aufgabenlösung ein. Kinder von neun Jahren an, deren intellektuelle Entwicklung bereits weiter fortgeschritten ist, tun dies zwar selten in so krasser und auffälliger Form, verhalten sich aber im Grunde häufig kaum anders. Ein Beispiel hierfür lieferte ein zwölfjähriger Junge. Aus den zwei Prämissen, in denen ein Zusammenhang zwischen roten Haaren und guten Leistungen im Fußballspiel postuliert wurde, wählte er als Schlußfolgerung die Aussage: «Thomas hätte gerne rote Haare» und gab als Begründung an: «Weil ich selbst gern rote Haare hätte». Dieser Junge vernachlässigte also die gegebenen Prämissen zugunsten einer anderen, nicht ausgesprochenen, und zwar: «Alle Jungen möchten gut Fußball spielen können, genauso wie ich auch.» Er stützte sich dabei auf Alltagszusammenhänge, anstatt zu überlegen, welcher Schluß mit den Voraussetzungen der zu lösenden Aufgabe vereinbar wäre.

In einem berühmt gewordenen Aufsatz über das Verhältnis von Logik und Denken beschreibt MARY HENLE (1962) einen Versuch, in dem Erwachsene beurteilen sollten, ob aus bestimmten Prämissen abgeleitete Schlüsse zulässig seien. Die Versuchspersonen sollten ihre Urteile sowie die entsprechenden Begründungen schriftlich niederlegen, wobei ausdrücklich darauf hingewiesen wurde, daß die logische Angemessenheit und nicht die Wahrheit der Schlußfolgerungen zu beurteilen sei. Diese Forderung wurde jedoch in vielen Fällen von den Versuchspersonen nicht erfüllt.

Hier eine der Aufgaben, gefolgt von zwei der dazu abgegebenen Urteile:

Eine Gruppe von Frauen unterhielt sich über ihre Haushaltsprobleme. Frau Meier machte den Anfang: «Ich bin so froh, daß wir über diese Dinge sprechen. Es ist so wichtig, über das zu sprechen, was uns beschäftigt. Wir

verbringen so viel Zeit in der Küche, daß wir natürlich über Haushaltsprobleme nachdenken. Daher ist es wichtig, daß wir darüber sprechen.»
Ist dieser Schluß korrekt?

Eine Versuchsperson antwortete darauf wie folgt: «Nein. Aus der Tatsache, daß wir so viel Zeit in der Küche verbringen, folgt nicht unbedingt, daß wir über Haushaltsprobleme nachdenken.» Diese Antwort enthält jedoch kein Urteil darüber, ob die Schlußfolgerung («Daher ist es wichtig, daß wir darüber sprechen») notwendigerweise wahr ist, *wenn* die Prämissen wahr sind. Stattdessen stellt sie die Ablehnung einer der beiden Prämissen dar.

Eine andere Versuchsperson schrieb dazu: «Nein. Es ist nicht wichtig, über Dinge zu sprechen, die uns beschäftigen, es sei denn, sie machen uns Sorgen. Dies ist aber nicht der Fall.» Diese Antwort bedeutet die Ablehnung der anderen Prämisse.

MARY HENLE sieht in diesen Antworten ein Beispiel dafür, was sie als «Nichtakzeptieren der logischen Aufgabe» bezeichnet. Andere Fehlervarianten bestanden darin, daß die Versuchsperson eine der beiden Prämissen völlig übersah, eine neue Prämisse einführte oder entweder eine Prämisse oder die Schlußfolgerung so umformulierte, daß sich ihre Bedeutung änderte.

Besonders bemerkenswert sind diese Ergebnisse insofern, als die Versuchspersonen Studenten waren. Angesichts dessen ist es wohl kaum verwunderlich, wenn Kinder Schwierigkeiten haben, aus vorgegebenen Prämissen Schlüsse abzuleiten, die diesen Prämissen genau entsprechen. Wichtig ist, daß dies auch dann gilt, wenn die Prämissen nicht durch abstrakte Symbole wie p und q wiedergegeben werden. Es genügt, daß sie in irgendeiner Weise umstritten sind, zu Gefühlsreaktionen Anlaß geben oder den Betreffenden nicht einsichtig werden.

PETER WATSON & PHILIP JOHNSON-LAIRD (1972) liefern mit ihrer Forschungsarbeit ein weiteres interessantes Beispiel für die Unfähigkeit Erwachsener zu schlußfolgerndem Denken, wenn dieses nicht durch allgemeinverständliche Zusammenhänge getragen ist.

Sie untersuchten, auf welche Weise gebildete Erwachsene (Studenten) eine Aufgabe bewältigten, bei der zu entscheiden war, ob eine bestimmte Regel zutrifft. Die Regel hatte die Form: *wenn p, dann q,* doch benutzten WASON & JOHNSON-LAIRD nicht solche rein abstrakten Symbole. Ihr Versuchsmaterial war aber dennoch so gestaltet, daß es — bezogen auf die Alltagserfahrungen — kaum einen Sinn ergab. Die Regel, die den Versuchspersonen mitgeteilt wurde, lautete in der ursprünglichen Version:

Wenn auf einer Seite der Karte ein Vokal zu sehen ist, dann steht auf der anderen Seite eine gerade Zahl.

Den Versuchspersonen wurden vier Karten vorgelegt, zwei mit Buchstaben (einmal ein Konsonant und einmal ein Vokal) und zwei mit Ziffern (einmal eine ungerade und einmal eine gerade Zahl):

Dann wurde ihnen die Aufgabe gestellt, «jene und nur jene Karten zu nennen, die umgedreht werden müssen, um festzustellen, ob die Regel zutreffe oder nicht.»

Die richtige Antwort war: die Karte mit dem Vokal (E) und die mit der ungeraden Zahl (7) sind umzudrehen — die mit der geraden Zahl (4) jedoch *nicht*.

Wie sich herausstellte, ist es für intelligente Erwachsene ziemlich schwierig, diese Lösung nachzuvollziehen — geschweige denn, sie selbst zu finden. Zusätzlich sei nun aber eine andere Version dieser Aufgabe betrachtet, die in einer Untersuchung von JOHNSON-LAIRD, LEGRENZI & LEGRENZI (1972) Verwendung fand. Dabei ist zu beachten, daß es sich, was die logische Struktur betrifft, in beiden Fällen um die *gleiche* Aufgabe handelt.

Die Regel erhielt in der geänderten Versuchsform folgenden Wortlaut:

Wenn ein Brief zugeklebt ist, dann ist er mit einer 5-Penny-Marke frankiert.[2]

Das Versuchsmaterial umfaßt vier Briefumschläge, wie sie in der folgenden Abbildung zu sehen sind (Abb. 7).

In dieser Darbietungsform erwies sich die Aufgabe nunmehr als eher einfach: 21 von 24 Versuchspersonen erkannten richtig, daß sie einerseits den zugeklebten Umschlag umdrehen müßten, um zu

---

[2] Der Versuch stammt aus einer Zeit, in der das Porto für zugeklebte und offene Briefe verschieden war.

  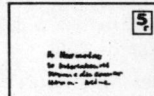 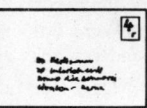

prüfen, ob er tatsächlich mit einer 5-Penny-Marke frankiert sei, sowie andererseits den Brief mit der 4-Penny-Marke untersuchen müßten, um herauszufinden, ob er wirklich nicht zugeklebt sei. (Die Regel sagt nichts darüber aus, daß ein mit einer 5-Penny-Marke frankierter Brief zugeklebt sein müsse; folglich besteht keine Notwendigkeit, diesen Brief umzudrehen.) Im Gegensatz dazu konnten nur 2 derselben 24 Versuchspersonen die Aufgabe richtig lösen, wenn die Regel in einer Formulierung vorgegeben wurde, die sich nicht auf Alltagszusammenhänge stützte.

WATSON & JOHNSON-LAIRD fassen diese Ergebnisse in folgender Feststellung zusammen: «Die Wenn-dann-Regel, die sich als so überaus schwierig erweist, wenn ihre Ausdrücke und Begriffe willkürlich gewählt werden, wird mit einemmal fast lächerlich einfach, wenn sie in Gestalt einer wirklichkeitsnahen Aufgabe erscheint.»

Es zeigt sich also, daß der hohe Wert, der solchen von der Wirklichkeit abgelösten Formen des Denkens beigemessen wird, das Streben nach Bildung in unserer Gesellschaft zu einem sehr schwierigen Unterfangen macht — einem Unterfangen, bei dem viele schon im Anfangsstadium resignieren. Was meine vorhin erwähnte Untersuchung der Merkmale von Intelligenztestaufgaben betrifft, so ergab sich als ein Grund für die große Vorhersagekraft bestimmter Aufgaben hinsichtlich des Schulerfolgs der Umstand, daß Kinder, die sich auf Alltagszusammenhänge stützen und sich nicht streng an die vorgegebenen Prämissen halten, bei diesen Aufgaben versagen.

Es erscheint vielleicht angebracht, nachdrücklich darauf hinzuweisen, daß es sich bei dem Überschreiten der Grenzen allgemein verständlicher Zusammenhänge nicht um eine Frage von alles-oder-nichts handelt. Es ist nicht so, als gäbe es nur einen einzigen Schritt, nach dessen Bewältigung wir ein für allemal befähigt wären, ein solches abgelöstes Denken unter beliebigen Bedingungen erfolgreich einzusetzen. Ein Kind, das eben erst gelernt hat, mit bestimmten, aus dem stützenden Zusammenhang seiner Alltagserfahrung «herausgerissenen» Aufgaben fertigzuwerden, erlangt damit nicht unmittelbar die Fähigkeit zum Umgang mit formalen Denksystemen, wie zum Beispiel dem der Mathematik. Und auch im weiteren Verlauf des Lebens geschieht es — ist es sogar die Regel —, daß uns ganz bestimmte formale Systeme vertraut werden, wohingegen andere uns zeit unserers Lebens unzugänglich bleiben.

Hier geht es jedoch darum, aufzuzeigen, daß es unmöglich ist, auch nur *irgendein* formales System beherrschen zu lernen, solange nicht die Fähigkeit erworben wurde, sich zumindest bis zu einem gewissen Grad über die Grenzen des Alltagsverständnisses hinauszubegeben; und im weiteren, daß das Problem, Kindern in der Anfangsphase ihrer Schulzeit — oder gar noch früher — in dieser Richtung behilflich zu sein, bislang nicht richtig erkannt und in der Regel nicht entsprechend bewältigt worden ist.

Und so sehen wir uns am Ende einigen wenigen erfolgreichen Schülern, aber einer erschreckend großen Zahl von Schulversagern gegenüber. Deshalb müssen wir uns dringend fragen, auf welche Weise diese Entwicklung vermieden werden kann.

An sich stehen zwei mögliche Strategien zur Auswahl. Wir können entweder unser Wertsystem ändern oder nach Mitteln und Wegen suchen, um das Problem auf weniger bedrohliche Weise zu bewältigen. Wir brauchen lediglich bessere Methoden zu entwickeln, um abgelöstes Denken erfolgreich zu lehren.

Die Änderung unseres gesellschaftlichen Wertsystems könnte auf verschiedene Art und Weise erfolgen. Das Naheliegendste bestünde in einer Abwertung des Intellektes — wie es gegenwärtig so häufig geschieht, etwa durch die folgende Äußerungen: «Wen kümmert schon dieses staubtrockene Zeug, das hat doch mit dem Leben überhaupt nichts zu tun.» Derartige antiintellektuelle Standpunkte entsprechen jedoch keineswegs den zur Zeit maßgebenden Werten unserer Kultur. Zudem sind sie schlichtweg Unsinn. Das «staubtrockene Zeug» hat mit dem Leben, wie wir es kennen, außerordentlich viel zu tun. Denn paradoxerweise verhält es sich so, daß unsere erfolgreichsten praktischen Aktivitäten — wie beispielsweise in allen Bereichen der Technik — nicht möglich wären, wollten wir das mühevolle Unternehmen, aufgeben, auch ohne den stützenden Rahmen vertrauter Ereignisse folgerichtig zu denken und zu handeln. Um uns mit größtmöglichem Erfolg mit der Umwelt auseinandersetzen zu können, ist es erforderlich, sich an der *Struktur* der Dinge zu orientieren. Es ist unumgänglich, sich die Fähigkeit zur Handhabung von *Systemen* und die Abstraktion von Formen und Mustern anzueignen. Dies ist eine Tatsache, die die Menschheit allmählich zu verstehen gelernt hat. Wollten wir unsere diesbezüglichen Bemühungen jemals einstellen, so müßten wir es bitter büßen.

Wir könnten aber das Wertsystem auch ändern, ohne zugleich die Bedeutung intellektueller Fähigkeiten zu schmälern. Dazu müßte ihr relatives Gewicht lediglich durch eine deutliche Höherwertung anderer Fertigkeiten verringert werden. In einigen Ländern — zum Beispiel China — scheinen ernsthafte Bemühungen in diese Richtung unternommen worden zu sein. In unserem Land wurden zwar auch vereinzelt Lippenbekenntnisse dieser Art abgelegt, doch hat sich kaum etwas verändert.

Eine einseitige Überbewertung des formalisierten Denkens finden wir sogar in jenen Bereichen, in denen ganz offensichtlich noch andere Fähigkeiten benötigt werden. Betrachten wir als Beispiel die technischen Fakultäten unserer Universitäten. An ihnen wird Mathematik und Physik gelehrt — wie es auch ihrer Aufgabe entspricht. Aber es wird nicht gelehrt, wie etwas herzustellen ist. Ein Maschinenbaustudent kann sein gesamtes Studium absolvieren, ohne jemals an einer Drehbank oder einer Fräsmaschine gearbeitet zu haben. *Dies* sei Sache der technischen Fachkräfte, wird behauptet. Für *diese* wiederum sind in der Mehrzahl der Fälle Kenntnisse in Mathematik und Physik, die über die einfachsten Grundbegriffe hinausgehen, unerreichbar.

Einer unserer bedeutendsten Theoretiker zu Bildungsfragen, ALFRED NORTH WHITEHEAD (1932), war zutiefst davon überzeugt, daß diese *Apartheid* für alle Beteiligten von Nachteil sei. Er äußerte seine Befürchtungen in einem brillanten Aufsatz über das Verhältnis zwischen handwerklicher Ausbildung einerseits und Technik und Literatur andererseits. Dort prägte er das pädagogische Axiom, daß «der Unterricht Schiffbruch erleide, wenn außer acht gelassen würde, daß die Schüler auch Körper hätten.» Er führte dazu im weiteren aus: «Es ist strittig, ob die Hand des Menschen sein Gehirn schuf oder sein Gehirn die Hand. Auf jeden Fall ist die Beziehung eine enge und wechselseitige.»

Paradoxerweise trägt das abgelöste Denken, — obwohl es laut Definition die Fähigkeit zur Abstraktion von den Gegebenheiten des konkreten Lebens verlangt — die reichsten Früchte, wenn es mit praktischem Tun verbunden wird. WHITEHEAD nahm sogar an, daß die Trennung der beiden Bereiche für unsere Zivilisation verheerende Folgen haben würde.

Diese Trennung reicht bis zu den Anfängen der westlichen Kultur zurück, teilweise bis zu Beginn einer schriftlichen Überlieferung. WHITEHEAD sieht ihren Ursprung in PLATONS Ideal einer umfassenden Allgemeinbildung als Erziehung zum Denken und zum ästhetischen Verständnis. Sie läßt sich jedoch noch weiter zurückverfolgen, wie aus einem sehr aufschlußreichen altägyptischen Text zu entnehmen ist, der im Original aus der Zeit um 2000 v. Chr. stammen dürfte. Der Text ist eine Satire auf die Handwerker und enthält die Ermahnung eines Vaters an seinen Sohn, die dieser ihm auf dem Weg in die Schreiberschule mitgibt. Im folgenden einige Auszüge[3]:

Ich habe gesehen, wie der Arbeiter geknechtet wurde; du sollst dich bemühen, schreiben zu lernen. Ich habe auch den gesehen, den man von seiner Zwangsarbeit befreit hat; es gibt nichts, das über das Schreiben ginge ...

Aber ich habe den Erzarbeiter über seiner Arbeit beobachtet, an der Öffnung seines Schmelzofens. Seine Finger sind krokodilartig, er stinkt mehr als Fischlaich ...

Der Töpfer steckt in seinem Lehm ... Die Erde beschmiert ihn mehr als ein Schwein, bis er seine Töpfe brennt. Seine Kleidung ist steif von Ton ...

Der Pfeilmacher — es geht ihm überaus schlecht — geht in die Wüste, um Pfeilspitzen zu besorgen. Mehr wert ist das, was er seinem Esel zu fressen gibt, als was dieser dafür leistet.

Der Wäscher wäscht auf dem Uferdamm, sein Nachbar ist das Krokodil ...

Siehe, es gibt keinen Beruf ohne Vorgesetzten, außer dem des Schriftkundigen; er ist sein eigener Herr ...

Sieh, es gibt keinen Schreiber, der ohne Nahrung wäre, nichts von den Schätzen des Königspalastes erhielte — Leben, Wohlstand, und Gesundheit! Danke deinem Vater und deiner Mutter, die dich auf den Weg der Le-

---

[3] Englischer Text: *Satire on the Trades.* Translated by J. W. WILSON; in J. B. PRITCHARD (ed.), *Ancient Near East Texts.* Princeton, N. J.: Princeton University Press, 1955. Deutsche Ausgabe, aus der einige Teilübersetzungen entnommen wurden: *Die Lehre des Cheti, Sohn des Duauf.* Übersetzung von HELLMUT BRUNNER. In: Ägyptologische Forschungen, Heft 13. Glückstadt u. Hamburg, 1944 (S. 22).

benden setzen. Merke dir dies, ich habe es ausgebreitet, vor dir und deinen Kindeskindern.

Dieser Text (der den Schülern der Schreiberschulen zur Zeit der 19. Dynastie als Übungstext aufgegeben wurde — vermutlich um ihnen rechtes Denken beizubringen) gibt in lebhafter Form einer Einstellung Ausdruck, die uns in der heutigen Zeit keineswegs fremd ist. Der Fortbestand dieser *Apartheid* ist jedoch unzweifelhaft unter anderem darauf zurückzuführen, daß ein so großer Teil der Schüler für die intellektuelle Seite der Schulbildung weder besonderes Geschick noch besondere Begeisterung entwickelt. Der Versuch, die Fähigkeit ein von konkreten Inhalten abgelöstes Denken zu erwerben, ist für die meisten mit einer Niederlage und größter Abneigung verbunden. (Natürlich rufen Bemühungen, die sich als fruchtlos erweisen, zwangsläufig Abneigung hervor — doch davon später mehr.) Wäre dies nicht der Fall, gäbe es keine selbstgefällige intellektuelle Elite, die meint, diese eine Fähigkeit reiche aus, ihre Existenz zu rechtfertigen und ein für allemal ihre Überlegenheit zu begründen.

Folglich müssen wir uns als nächstes der Frage widmen, ob es denn unvermeidbar ist, daß es einem Großteil der Kinder nicht gelingt die Fähigkeit zu abgelöstem Denken zu erlangen. Sind am Ende nur wenige Menschen *dazu in der Lage,* in ihrem Denken über die Grenzen des gesunden Menschenverstandes hinauszugehen und sich außerhalb dieses Rahmens erfolgreich zu bewegen? Meiner Ansicht nach ist dies keineswegs der Fall. Es mag zwar zu einem gewissen Grade sinnvoll sein, zu behaupten, daß jeder einzelne zunächst über ein bestimmtes, genetisch bedingtes «intellektuelles Potential» verfüge (was bedeuten würde, daß wir uns in dieser wie ja auch in anderer Hinsicht zweifellos unterscheiden); dennoch besteht kein Grund zu der Annahme, daß es den meisten Menschen — wenn überhaupt einem einzigen — gelinge, ihre Möglichkeiten auch nur annähernd auszuschöpfen. Zudem ist fraglich, ob es zweckmäßig ist, in unseren Überlegungen von der Vorstellung auszugehen, es gebe eine Obergrenze. Denn es gibt, wie JEROME BRUNER ausführt, nicht nur Handwerkszeug für unsere Hände, sondern auch Rüstzeug für unseren Geist — und für beide Bereiche gilt, daß die Entwicklung eines wirkungsvollen neuen Hilfsmittels die Möglichkeit in sich birgt, die alten Grenzen hinter sich zu lassen. Ähnlichen Überlegungen folgt DAVID OLSON (1976), wenn er sagt: «Intelligenz ist nichts unwandelbar Gegebenes; wir fördern sie, wenn wir vorhandene Techniken anwenden, und erzeugen sie, wenn wir neue Techniken entwickeln.»

Die Technik, an die OLSON hier vor allem denkt, ist jenes System, das Sprache sichtbar und dauerhaft macht und das als Schrift bezeichnet wird.

8. Weshalb schulisches Lernen für Kinder so schwer ist

In den vorangegangenen Kapiteln wurde ein Bild des Kindes entwickelt, das sich durch folgende besondere Merkmale auszeichnet:

1. Das Kind bemüht sich schon von einem sehr frühen Zeitpunkt an aktiv darum, die Welt zu begreifen. Es stellt Fragen, möchte Dinge wissen. (Dies wird offenkundig, sobald es sprechen und Fragen formulieren kann, gilt aber wahrscheinlich auch schon früher.) Ebenso verfügt das Kind schon sehr früh über Ziele und Absichten; es möchte Dinge tun. Diese Fragen und Bestrebungen enthalten bereits erste Anfänge eines Verständnisses für potentielle Ereignisse, d. h. es geht über die Erkenntnis dessen, was ist, hinaus bis hin zur Vorstellung dessen, was sein könnte.

2. Das Verständnis für mögliche Ereignisse, etwa in Verbindung mit dem Wunsch, *Dinge kennenzulernen,* ergibt sich zuerst aus dem bloßen Bewußtwerden eines Nichtwissens (z. B. «Hinter dieser Ecke könnte ein Tiger lauern, ich habe dort noch nicht nachgesehen»).

Kinder lassen jedoch nicht immer erkennen, daß sie sich ihres Nichtwissens bewußt sind. Bisweilen beantworten sie Fragen mit sichtlicher Überzeugung, obwohl sie die Antwort unmöglich sicher wissen können — es sei denn auf dem Weg außersinnlicher Wahrnehmung! Es handelt sich hier um eine der Varianten des sogenannten «willkürlichen Fehlers» — willkürlich deshalb, weil gewisse Spielregeln der Aufgabenstellung vernachlässigt werden —, auf den ich in meinen früheren Untersuchungen des Denkens von Kindern stieß (siehe DONALDSON, 1963). In einer neueren Arbeit wurden von GILBERTE PIÉRAUT-LEBONNIEC (1974) viele weitere Beispiele für diese Art des Fehlers gefunden. Sie stellte fest, daß fünf- bis achtjährige Kinder in einem Versuch, in dem es um die Farbe eines verborgenen Gegenstandes ging, dazu neigten, ganz einfach eine Farbe anzugeben — ohne das geringste Zeichen von Unsicherheit und ohne Anhaltspunkte dafür, daß ihnen der Unterschied zwischen einer bloßen Vermutung und einer Entscheidung, die auf gesicherten Informationen beruht, bewußt wäre. Es sind dies sehr merkwürdige Ergebnisse. Auf der anderen Seite bestehen jedoch keinerlei Zweifel, daß auch viel jüngere Kinder sehr wohl schon *in der Lage sind,* Ungewißheit zu erkennen. Wenn ein Kind beginnt, spontan Fragen zu stellen, bedeutet dies, daß es offensichtlich ein gewisses Gefühl dafür besitzt, daß es in seinem Wissen Lücken gibt.

Darauf folgt das Bemühen, mit Hilfe von Überlegungen hinsichtlich der Vereinbarkeit beziehungsweise Unvereinbarkeit gewisser Ereignisse den Bereich des Wissens auszudehnen und den der Ungewißheit zu verringern. Als möglich gelten dann alle jene Dinge, die nicht zu anderen, bereits als richtig anerkannten Sachverhalten in Widerspruch stehen. Alles, was einen solchen Widerspruch hervorruft, wird als *unmöglich* eingestuft. Dies ist ein deduktiver Schluß. (Dabei ist jedoch zu beachten, daß dieser Schluß erst dann eine *formale* Deduktion genannt wird, wenn sich die Aufmerksamkeit nicht auf Widersprüche zu realen Ereignissen der vertrauten Umwelt richtet, sondern auf Widersprüche zu dem, was man gemeinhin als das «Vorgegebene» bezeichnet — d. h. zu bloßen Behauptungen, die wir aufgrund einer Entscheidung als Prämisse für unsere Schlußfolgerungen anerkennen. Dies ist genau jene Unterscheidung, um die es in den Untersuchungen des vorhergehenden Kapitels ging: Der «formale» Schluß ist zugleich ein von allgemein bekannten Inhalten abgelöster Denkprozeß.

3. Das Verständnis für mögliche Ereignisse, wie es sich im Zusammenhang mit dem *Wunsch, Dinge zu tun,* entwickelt, beinhaltet einerseits eine gewisse Vorstellung des angestrebten Zieles — des Zustandes, der herbeigeführt werden könnte — und andererseits bestimmte Vorstellungen bezüglich der Mittel bzw. der Handlungen zur Verwirklichung dieser Zielvorstellung.

Es liegt jedoch die Vermutung nahe, daß dem Kind in den ersten Lebensjahren vor allem seine Ziele bewußt werden, wohingegen es zu Überlegungen — insbesondere systematischen Überlegungen — hinsichtlich möglicher Handlungen zur Erreichung dieser Ziele erst später kommen dürfte. Dabei ist zu unterscheiden zwischen dem tatsächlichen Ausprobieren verschiedener Handlungen, die möglicherweise zum Ziel führen, und einem vorausschauenden *gedanklichen Durchspielen* dieser Handlungen als einer Reihe von Verhaltensmöglichkeiten. Dieses letztere planende Verhalten bedeutet, daß offene Handlungen kurzfristig aufgeschoben werden und alle Aufmerksamkeit sich stattdessen nach innen, auf geistige Prozesse konzentriert. Die psychische Entwicklung verläuft von dem Bewußtwerden der Außenwelt hin zu einem Bewußtwerden der Innenwelt.

4. Dasselbe gilt für die Sprachentwicklung. Das Kind erwirbt sprachliche Fertigkeiten, ohne sich ihrer zunächst bewußt zu sein. Das Bewußtwerden dessen, *worüber* es spricht — der Dinge in der Außenwelt, auf die sich seine Sprachäußerungen beziehen —, geht

dem Bewußtwerden dessen, *womit* es spricht — der Wörter, die es dabei verwendet —, voraus. Dieses wiederum — das Bewußtwerden der Wörter als solches — entwickelt sich, vor dem Bewußtwerden sprachlicher Regeln, die die Aufeinanderfolge von Worten — und damit seine eigenen Sprachäußerungen — bestimmen. (Tatsächlich ist sich auch der gedanklich reflektierende Erwachsene dieser Denkprozesse nur in sehr beschränktem Maße bewußt!)

In den ersten Lebensjahren, bevor das Kind sein Sprachbewußtsein vollständig entwickelt hat, erlebt es die Sprache eingebettet in den sie begleitenden Ereignisfluß. In diesem Entwicklungsstadium interpretiert das Kind nicht einzelne Wörter, sondern Situationen als Ganzes. Dem Kind ist mehr daran gelegen, herauszufinden, was die Menschen um es herum mit ihrem Sprechen und ihrem Tun meinen, als die Bedeutung von Wörtern zu bestimmen. (Denn auch wenn es sich vielleicht der Sprache noch nicht bewußt ist, so ist es sich der Personen seiner Umwelt doch sehr deutlich bewußt.) Zugleich bemüht es sich auch, in Situationen, in denen nichts gesagt wird, zu strukturieren beziehungsweise zu begreifen; und — wird etwas gesagt — so scheinen seine Interpretationen dieser Äußerungen manchmal in hohem Maße durch seine eigene Strukturierung des Situationszusammenhangs beeinflußt. Wenn eine Situation irgendeinen Aspekt enthält, der für das Kind besonders wichtig ist — etwas, worüber es selber gerne reden würde —, so kann dieser Aspekt großen Einfluß nehmen auf seine Interpretation von Worten, die es hört. Wie weit dieser Einfluß gehen kann, ist bislang noch völlig unklar.

5. Ein Kind, das zu begreifen versucht, was andere Leute meinen, muß sowohl bei anderen Leuten Absichten erkennen als auch selbst Ziele verfolgen können. Ein solches Kind ist demnach keineswegs unfähig, sein Denken zu dezentrieren. Zwar läßt es, wie wir alle es tun, die Relativität seines eigenen Standpunktes bisweilen unberücksichtigt, doch ist es sehr wohl in der Lage, sich von diesem freizumachen. Es stimmt also nicht, daß das Kind durch Egozentrismus an der Kommunikation mit seiner Umwelt und am Aufbau persönlicher Beziehungen gehindert würde. Vielmehr scheinen seine persönlichen Beziehungen jenes Gefüge zu bilden, innerhalb dessen sich die Lernprozesse des Kindes abspielen.

Sofern das Bild, das hier entworfen wurde, in seinen großen Zügen zutrifft, besitzt das Kind am Anfang seiner Schulzeit bereits beträchtliche Denkfähigkeit. Aber sein Denken *richtet sich nach außen* auf die reale Welt, die bedeutungsvoll, wechselhaft und verwirrend zugleich ist. Um in unserem Bildungssystem Erfolg zu haben, muß das Kind jedoch die Fähigkeit entwickeln, die Sprache und das Denken selbst zum Gegenstand der Reflexion zu machen. Es muß lernen, sein Denken gezielt zu steuern. Es muß ihm gelingen, erst zu überlegen, was es sagen will, und nicht einfach daraufloszureden und irgendeine Deutung vorzunehmen, sondern verschiedene mögliche Interpretationen gegeneinander abzuwägen. Das Kind muß in zunehmendem Maße Bewußtsein und Klarheit bezüglich der Begriffe innerhalb seines Begriffssystems erwerben. Und es muß lernen, mit Symbolen umzugehen.

Das wichtigste Symbolsystem, das dem Vorschulkind zugänglich wird, ist die gesprochene Sprache. Der erste Schritt besteht somit darin, die Sprache begrifflich zu erfassen — sich ihrer als eines selbständigen Gebildes bewußt zu werden und sie aus ihrer Einbettung in den Fluß der Ereignisse herauszulösen.

Eine sehr aufschlußreiche Übersicht über das vorhandene Material zur Frage des Sprachbewußtseins bei Kindern wurde kürzlich von EVE CLARK vorgelegt. Sie schlägt sechs Arten oder Stufen des Sprachbewußtseins vor, deren erste und einfachste durch bewußte Selbstbeobachtung und -kontrolle beim Sprechen (spontane Verbesserungen und dergleichen) und deren letzte und komplexeste durch Reflexion über sprachliche Äußerungen gekennzeichnet ist. Wie CLARK meint, scheint diese Art des Sprachbewußtseins die Fähigkeit zu verlangen, losgelöst von der Sprachverwendung über die Struktur der Sprache nachzudenken.

Manche Kinder haben diesen Schritt bereits getan, wenn sie mit der Schule beginnen, — oder befinden sich zumindest auf dem Weg dahin. Damit besitzen sie eine ungleich günstigere Ausgangsposition.

BÄRBEL INHELDER und ihre Mitarbeiter unternahmen kürzlich den Versuch, mit Kindern die Bewältigung verschiedener Versuchsaufgaben PIAGETS, wie etwa jene zur Klasseninklusion, zu üben (INHELDER, SINCLAIR & BOVET 1974). In ihrem Bericht über die Ergebnisse dieser Arbeit gehen sie auch auf Unterschiede zwischen Kindern aus verschiedenen sozialen Milieus und auf die Frage der Bedeutung sprachlicher Fertigkeiten ein. Sie führen dazu aus, die «Sprache als solche» habe nichts mit der erfolgreichen Aufgabenbearbeitung zu tun, allerdings fügen sie hinzu, daß gewisse Unterschiede in der «Einstellung» der Kinder zu den Anweisungen des Versuchsleiters festgestellt werden konnten. Bei Kindern aus sozial privilegierteren Familien zeigte sich eine größere Bereitschaft, den Wortlaut der Frage im einzelnen zu beachten und genau zu überdenken, bevor sie antworteten. Bei Kindern aus sozial benachteiligten Familien bestand dagegen die starke Tendenz, die Frage des Versuchsleiters in eine ihnen geläufigerer Form zu formulieren.

Diese Beobachtung bestätigen ROBERT GRIEVE und seine Kollegen (1977) in einem erst vor kurzem veröffentlichten Aufsatz. Sie stellen fest, daß das Kleinkind dazu neigt, «Fragen so abzuändern, wie es seinen Vorstellungen entspricht» und machen auch auf die Probleme aufmerksam, die für den Versuchsleiter mit dieser Tendenz verbunden sind. Es ist klar, daß es für die Beschreibung bestimmter Situationen oder Ereignisse übliche und weniger übliche Formulierungen gibt. ALISON MACRAE (1976) weist darauf hin, daß ein Erwachsener viel eher: «Die Blumen stehen auf dem Fernsehapparat» sagen würde als: «Der Fernsehapparat steht unter den Blumen». Die Merkwürdigkeit der zweiten Version scheinen, wie MACRAE berichtet, auch Vierjährige bereits zu spüren, denn die Kinder vermieden diese Formulierung auch dann, wenn sie dazu ermutigt wurden, sie doch zu verwenden. (Daß den Kindern das Wort «unter» geläufig war, stand außer Zweifel; sie hatten dies in anderen Situationen deutlich bewiesen.)

Einer ungeläufigen Feststellung kann nun auch eine entsprechend ungeläufige Frage zugeordnet werden. Wenn die Aussage: «Der Fernsehapparat steht unter den Blumen» eigenartig ist, dann ist auch die Frage: «Steht der Fernsehapparat unter den Blumen?» sonderbar. Und wenn es ungewöhnlich ist, zu behaupten, es gäbe mehr Blumen als rote Blumen, so ist es nicht weniger ungewöhnlich, danach zu fragen.

Für die Autorinnen des Buches, das den Versuch beschreibt, Kindern die richtige Lösung von PIAGETS Versuchsaufgaben beizubringen (INHELDER, SINCLAIR & BOVET 1974), handelte es sich bei dieser Feststellung nur um eine Randbemerkung, aber sie treffen damit genau den Kern der Sache. Die von ihnen gefundenen Differenzen zwischen Kindern verschiedener sozialer Schichten beziehen sich im wesentlichen auf die unterschiedlichen Fähigkeiten, im Umgang mit der Sprache bis zu einem gewissen Grad vom Kontext zu abstrahieren. Und diese Fähigkeit wird in einem gebildeten, geistig höherstehenden Elternhaus natürlich in viel stärkerem Maß gefördert.

Als gebildete Erwachsene haben wir uns so sehr an das geschriebene Wort gewöhnt, daß wir uns selten vor Augen führen, wie sehr es sich vom gesprochenen unterscheidet. Das gesprochene Wort (es sei denn, es wird auf Tonband aufgenommen, doch das ist wieder eine andere Sache) existiert nur für einen kurzen Augenblick als ein Element innerhalb eines wirren Knäuels wechselnder Ereignisse. Will man es isoliert betrachten, muß es erst aus diesem Komplex herausgelöst werden — doch danach verblaßt es sehr schnell wieder. Das geschriebene Wort hingegen bleibt erhalten. Deutlich erkennbar und beständig steht es auf Papier geschrieben. Am nächsten Tag ist es noch immer da. Seinem Wesen nach kann es von nichtsprachlichen Zusammenhängen weitgehend frei sein.

Wenn ein Buch Illustrationen enthält, ist damit natürlich ein gewisser nichtsprachlicher Kontext gegeben. Ebenso ist ein Großteil der geschriebenen Texte in unserer Umgebung — auf Straßenschildern, Waschmittelpaketen, in der Fernsehwerbung — sehr stark in Zusammenhänge eingebettet. Manchen Vorschulkindern scheint es zu gelingen, sich allein durch die Begegnung mit derartigen «öffentlichen Schriftstücken» das Lesen beizubringen. Eine interessante Abhandlung über Kinder, die zu Beginn ihrer Schulzeit bereits lesen können, findet sich in dem Buch von Margaret Clark (1976): *Young Fluent Readers.*

Ein Kind, das lesen lernt, kann sein Buch aus der Schule mit nach Hause bringen und seiner Mutter genau *dieselben Worte* vorlesen, die es am Vormittag in der Schule seiner Lehrerin vorgelesen hat.

Die ersten Begegnungen eines Kindes mit Büchern bieten ihm also weit günstigere Bedingungen, um sich der Sprache als solcher *bewußt zu werden,* als seine Begegnung mit dem gesprochenen Wort zuvor.

Gewiß gibt es Familien, die ihre Kinder anregen, sich des gesprochenen Wortes bewußt zu werden. Manche Eltern reden mit ihren Kindern *über* Wörter, spielen Wortspiele mit ihnen und ähnliches mehr. Die meisten aber bedienen sich der Wörter nur als Ausdrucksmittel. Tatsächlich ist vielen Kindern, bei Schuleintritt nicht einmal klar, daß es überhaupt einzelne Wörter gibt, — daß sich der Redefluß in diese Einheiten aufspalten läßt. Es stimmt, daß Kinder von vier Jahren an, wie Fox & Routh (1975) gezeigt haben, Gesprochenes in zunehmend kleinere «Teilchen» zerlegen können, wenn sie dazu ermuntert werden; die meisten von ihnen hätten jedoch sicherlich niemals von selbst damit begonnen. Zudem haben viele Fünfjährige nur eine sehr unklare Vorstellung davon, was der Begriff «Wort» bedeutet, wie Jess Reid (1966) in einer höchst einfallsreichen Arbeit nachweisen konnte. Er untersuchte, welche Vorstellungen vom Lesen die Kinder zu Beginn ihrer Schulzeit besitzen und wie sich diese im Verlauf des ersten Schuljahres verändern. Seine Ergebnisse wurden in der Zwischenzeit durch eine Arbeit von John Downing (1970) bestätigt und erweitert.

Die erste Begegnung mit dem geschriebenen Wort erfolgt bei vielen Kindern indirekt; sie ergibt sich, wenn ihnen ein Erwachsener eine Geschichte vorliest. Dabei handelt es sich bis zu einem gewissen Grad bereits um eine vom Kontext losgelöste Sprache, doch fördert das Zuhörerlebnis (aus Gründen, auf die noch eingegangen werden soll) das Sprachbewußtsein wahrscheinlich weniger als die direkte Auseinandersetzung mit den Wörtern auf den Seiten eines Buches. Es fällt auf, daß kleine Kinder, wenn ihnen Geschichten vorgelesen werden, nur sehr selten Fragen zu den Ausdrücken stellen, die in der Geschichte enthalten sind. Sie erkundigen sich eingehend nach den Absichten und Motiven der Personen, nach dem Gang der Handlung — nach dem Sinn der Geschichte gewissermaßen. Aber sie fragen kaum nach dem Sinn und der Bedeutung einzelner Wörter — selbst dann nicht, wenn diese ihnen mit Sicherheit unbekannt sind.

In den in Kapitel 5 erwähnten Tonbandprotokollen, die über ungefähr vier Monate hinweg die Kommentare der Kinder während einer täglichen Vorlesestunde wiedergeben, sind nur in drei Fällen Fragen nach der Bedeutung einzelner Wörter und lediglich ein Beispiel einer Frage nach einem anderen Sprachaspekt zu finden.

Die drei Fragen nach Wortbedeutungen waren folgende:

«Was ist ein ‹Howdah›?›[1]
«Was heißt ‹wiedergekäutes› Futter?»
«Was heißt ‹mucksmäuschenstill›? Bitte, was heißt ‹mucksmäuschenstill›?»

Die ersten beiden Fragen kamen von einem knapp fünf Jahre alten Mädchen, das bereits mit dem Lesen angefangen hatte, obwohl

---

[1] Baldachinsänfte für Elefanten

es noch nicht in die Schule ging und an allem, was in seiner Umgebung an Gedrucktem zu finden war, größtes Interesse zeigte. Die dritte Frage stammte ebenfalls von einem noch nicht ganz fünf Jahre alten Mädchen, das zwar noch nicht zu lesen begonnen hatte, dessen Eltern aber sehr gebildet waren.

Die Frage nach einem anderen sprachlichen Sachverhalt wurde von einem nicht ganz dreijährigen Kind gestellt. Als der Satz: «And at last they *did* pull up the turnip» [2] gelesen wurde, fragte es ganz laut und aufgeregt: «Wieso *did*?» Hier scheint es sich um eine Frage nach der grammatischen Struktur zu handeln (die der vorlesende Erwachsene übrigens Mühe hatte zu beantworten), doch war dies nur ein Einzelfall. Es gab keine weiteren Fragen dieser Art.

Nun stimmt es freilich keineswegs, daß kleine Kinder zu Fragen nach der Beziehung zwischen Wörtern und Dingen *überhaupt nicht* fähig wären. Eine der allererersten Fragen in der Sprache des Kindes ist vielmehr folgende: «Is'n das?» Sie tritt schon sehr früh in der kindlichen Sprachentwicklung auf, normalerweise noch vor Vollendung des zweiten Lebensjahres und scheint den Wunsch auszudrücken, den Namen eines bestimmten Gegenstandes zu erfahren. Daher erscheint es merkwürdig, daß Fragen nach der Bedeutung eines Wortes — Fragen, die denselben Zusammenhang betreffen, lediglich von der anderen Seite dieser Beziehung aus gesehen — erst so viel später auftreten sollen.

Allerdings ist es auch keineswegs sicher, ob die vom Kind so früh gestellte Frage nach der Bezeichnung eines Gegenstandes tatsächlich das meint, was sie vorgibt. Die Annahme ist begründet, daß für das Kleinkind der Name eines Gegenstandes durchaus auf einer Ebene liegt mit beispielsweise seiner Größe und Farbe, folglich ein Merkmal unter vielen darstellt, also eher einen Bestandteil des betreffenden Gegenstandes als ein separates formales System mit Namen «Sprache». VYGOTSKY vertritt jene Auffassung in überzeugender Weise und betont ferner, daß dies bis zu einem gewissen Grad auch für ungebildete Erwachsene gelten dürfte. Er erzählt die Geschichte eines Bauern, der weniger darüber verwundert war, daß man die Größe der Sterne bestimmen konnte, als darüber, daß man ihre Namen entdeckt hatte.

---

[2] «Und endlich zogen sie die Rübe tatsächlich heraus.» — Das «did» hat im englischen Satz die Funktion, das Zeitwort zu verstärken.

Fragen nach dem Namen eines Gegenstandes sind somit noch kein Beweis dafür, daß die Sprache als selbständiges System erfaßt wird. Es scheint, als sei zu diesem Verständnis im allgemeinen geraume Zeit erforderlich. Das Lesenlernen erfüllt unter anderem die Funktion, eine bewußte Reflexion, die zu dieser Erkenntnis hinführt, zu fördern. Der Bauer, von dem VYGOTSKY spricht, war sicherlich Analphabet.

Sich der Sprache als eines selbständigen Systems bewußt zu sein, ist zweifellos eine sehr wichtige Fähigkeit. Das gilt ganz allgemein dann, wenn es darum geht, zu unterscheiden, was in einer Situation *gesagt wird,* und dem, was in dieser Situation geschieht. Deshalb stellt diese Fähigkeit auch eine wichtige Voraussetzung für die Bewältigung der Versuchsaufgaben PIAGETS dar (z. B. jener zur Invarianz und zur Klasseninklusion) und auch vieler anderer Denkaufgaben. Wie INHELDER und Kollegen zeigten, sind sich manche Kinder völlig klar darüber, was der Versuchsleiter sie fragt, während andere Kinder die Fragestellung durch eine üblichere, ihnen naheliegendere, ersetzen.

Es ist offensichtlich, daß dieses letztgenannte Vorgehen nicht zum Ziel führen kann. Dennoch wäre es voreilig, daraus zu schließen, daß ein gewisses Maß reflektiven Sprachbewußtseins die einzige Voraussetzung für die Bewältigung derartiger Aufgaben bildet. Denn es kommt zumindest noch das Problem der *Kontrolle* hinzu — die Frage, wie gut das Kind seine Aufmerksamkeit zu steuern und Dinge, die nicht zur Sache gehören aus seinen Überlegungen auszuschließen vermag. Gerade dazu scheinen kleine Kinder jedoch nicht besonders gut in der Lage zu sein. So führte LESLEY HALL (1975) zum Beispiel Untersuchungen durch, bei denen die Versuchspersonen entscheiden sollten, ob bestimmte vorgegebene Aussagen im Hinblick auf vorgelegte Bilder richtig oder falsch wären. Die Augenbewegungen der Versuchspersonen wurden während der Zeit, in der sie die Bilder betrachteten, aufgezeichnet. Wie HALL feststellte, war es sogar Vierjährigen bereits in einem gewissen Umfang möglich, bei der Antwortsuche systematisch vorzugehen, sofern nicht auch Bilder dargeboten wurden, die zur Aufgabenstellung in keinem Zusammenhang standen. Enthielt das Versuchsmaterial dagegen auch solche Bilder, die nicht zur Sache gehörten, so beanspruchten diese die Aufmerksamkeit der Kinder in weit größerem Maße als jeglicher «kognitive Plan». Mit anderen

Worten: Das Problemlösungsverhalten der Kinder war in dieser Situation anscheinend nur in sehr beschränktem Maße einer bewußtern Kontrolle unterworfen. Die Frage der Kontrolle, der Steuerung, ist von zentraler Bedeutung für die Fähigkeit zu einem von konkreten Inhalten abgelöstem Denken, denn dabei geht es, wie gezeigt wurde, vor allem darum, sich genau an die Problemstellung zu halten und sich nicht durch vorhandenes Wissen, eigene Überzeugungen und Wahrnehmungen, die mit der Fragestellung nichts zu tun haben, ablenken zu lassen.

Es zeigt sich jedoch, daß die Erkenntnis, wie wichtig die Fähigkeit zur Kontrolle des eigenen Denkens ist, gar nicht so weit von dem Problem der Bewußtheit wegführt, wie dies den Anschein haben könnte. Doch hier geht es um einen umfassenderen Prozeß der Bewußtwerdung der eigenen Denkprozesse, letztlich darum, daß das Kind sich seiner selbst bewußt ist. Denn VYGOTSKY sagt ganz richtig: «Kontrolle und Bewußtheit einer Handlung sind zwei Seiten derselben Medaille». Das Kind muß sich seines Denkens bewußt werden, wenn es lernen soll, seine Denkvorgänge in der hier dargelegten Weise zu beherrschen und zu steuern.

Wir wissen zur Zeit noch wenig darüber, in welcher Weise dieser Prozeß der Bewußtwerdung abläuft. Vor kurzem wurden jedoch von PIAGET (1977) die Ergebnisse einer sehr aufschlußreichen Versuchsreihe bekannt.

Bei diesen Untersuchungen sollten die Kinder verschiedene Aufgaben ausführen und zugleich über das sprechen, was sie taten. Manche Aufgaben waren sehr einfach, so daß sie für die Kinder keinerlei Schwierigkeiten enthielten, wie zum Beispiel die Aufgabe, auf allen Vieren durch den Raum zu kriechen. Andere wiesen einen höheren Komplexitätsgrad auf, so etwa das sogenannte «Turm-von-Hanoi»-Spiel. (Zu diesem Spiel gehören drei Stäbe, wobei auf einen dieser Stäbe eine Anzahl verschieden großer Ringe gesteckt wird — der größte zuunterst. Die Aufgabe besteht nun darin, diese Ringe so auf einen der beiden anderen Stäbe zu bringen, daß immer nur ein Ring auf einmal bewegt wird und nie ein größerer Ring auf einen kleineren zu liegen kommt.)

Die Ergebnisse dieser Untersuchungen und die Schlüsse, die PIAGET aus ihnen zieht, sind sehr komplex. Eines jedoch geht aus ihnen klar hervor: Bewußtheit entsteht in der Regel dann, wenn wir stutzig werden, und, anstatt sofort zu handeln, innehalten, um die verschiedenen Verhaltensmöglichkeiten im Geiste durchzugehen. In der Betrachtung des Möglichen entwickelt sich nach PIAGET unser Bewußtsein des Wirklichen. Wir sind uns gleichermaßen bewußt dessen, was wir tun, und dessen, was wir *nicht* tun — aber tun könnten. Die Vorstellung von der Möglichkeit einer *Wahl* ist in diesem Zusammenhang entscheidend.

Was veranlaßt uns nun dazu, innezuhalten und über unser Denken nachzudenken, und versetzt uns damit in die Lage, die Richtung unseres Denkens bewußt zu *wählen*? Auf eine so tiefgreifende Frage ist keine einfache Antwort zu erwarten, allerdings können wir feststellen, daß auch in diesem Fall der Leselernprozeß eine höchst bedeutsame Rolle spielen dürfte. Ein Kind, das lesen lernt, befindet sich in einer Situation, die es dazu anregt, zumindest hinsichtlich einer wichtigen Denkleistung — der Sinnerfassung — verschiedene Möglichkeiten in Betracht zu ziehen. Wie ein Kind sagte: «Man muß anhalten und überlegen. Es ist schwierig!» In diesem Zusammenhang gilt dieselbe Argumentation wie im Falle der Entwicklung des Sprachbewußtseins: Die wesentlichen Aspekte sind, daß das geschriebene Wort Beständigkeit besitzt und von nichtsprachlichen Zusammenhängen frei sein kann. Folglich ist es hier nicht der nichtsprachliche Kontext, der — wie häufig beim gesprochenen Wort — die Interpretation des Gelesenen bestimmt, seine Bedeutung formt und jede Wahl von Anfang an ausschließt. Die Beständigkeit des geschriebenen Wortes wiederum bedeutet, daß das Kind Zeit zum Überlegen hat und damit die Chance erhält, verschiedene mögliche Interpretationen zu erwägen — eine Chance, die es zuvor vielleicht noch nie gehabt hatte.

Es zeigt sich also, daß gerade jene Eigenschaften des geschriebenen Wortes, die das Sprachbewußtsein fördern, möglicherweise zugleich dazu beitragen, Bewußtheit bezüglich der eigenen Denkvorgänge zu entwickeln und Selbstkontrolle im Denken aufzubauen — mit weitreichenden Konsequenzen für die Entwicklung derjenigen Denkweisen, die für Logik, Mathematik und die Naturwissenschaften so charakteristisch sind.

9. Wie die Schule helfen kann

Es ist eine allgemein bekannte Tatsache, daß manche Kinder ihre Schullaufbahn mit den besten Voraussetzungen für die dort geforderte Art des Lernens beginnen, während andere darauf äußerst mangelhaft vorbereitet sind. Hier erhebt sich nun die Frage, wie diese große anfängliche Diskrepanz möglichst rasch ausgeglichen werden kann; denn gelingt dies nicht schon zu Beginn, wird erfahrungsgemäß der Unterschied zunehmend größer. Es entsteht ein typischer Schereneffekt.

Nun wird bisweilen behauptet, wenn die Kinder in die Schule kommen, sei es bereits zu spät — d. h. ohne direkte Einflußnahme auf die Familien der benachteiligten Kinder sei kein Erfolg zu erzielen. Meiner Ansicht nach ist diese Argumentation nicht schlüssig (was jedoch keineswegs bedeutet, daß ich die Bemühungen, die sich auf Kinder im Vorschulalter oder auf deren Eltern richten, nicht zu schätzen wüßte).

In diesem Kapitel soll nun untersucht werden, wie *allen* Kindern zu einem guten Start bei jener Art schulischen Lernens verholfen werden kann. Ein Teil der Kinder bedarf hierzu allerdings einer umfassenderen Unterstützung — in ihrem Fall kommt das Verhalten des Lehrers möglicherweise ganz besonders stark zum Tragen.

Aus den im vorhergehenden Kapitel diskutierten Gründen halte ich vor allem das Lesenlernen für weitaus wichtiger als allgemein angenommen.

Dabei ist nun vor allen Dingen zu beachten, daß sich für das Kind beim Erlernen des Lesens anfangs schwerwiegende *Probleme begrifflicher Art* ergeben können, insbesondere wenn es in seiner häuslichen Umgebung nicht entsprechend vorbereitet wurde. Denn zum einen verfügt es, wie wir festgestellt haben, in vielen Fällen nur über ein sehr geringes Maß reflektiven Bewußtseins der gesprochenen Sprache, obwohl es die Sprache in Alltagssituationen durchaus richtig gebrauchen kann. Zum anderen hat es möglicherweise gar keine klare Vorstellung davon, worin die als «Lesen» bezeichnete Tätigkeit eigentlich besteht. JESS REID (1966) berichtet, daß manche Kinder nach drei oder vier Monaten Schulzeit noch immer nicht sagen können, wie der Briefträger erfährt, wohin er seine Briefe bringen soll, oder woran ihre Mütter erkennen, welches der richtige Autobus ist. Auch verstehen sie keineswegs, was ein Erwachsener tut, wenn er sich eine Zeitung vor's Gesicht hält und zu ihnen sagt: «Seid jetzt bitte ein bißchen still.»

Im Rahmen der Vorbereitung auf das Lesenlernen sind daher die Bemühungen, den Kindern die gesprochene Sprache bewußter zu machen, von besonderer Wichtigkeit. Es geht hier nicht nur darum, eine angemessenere Ausdrucksweise zu finden, sondern es geht vor allem um die Bewußtwerdung dessen, was sie beim Sprechen tun. So ist zum Beispiel vielen Kindern bis dahin vermutlich noch nie aufgefallen, daß der Redefluß, wie sie ihn seit Jahren, ohne darüber nachzudenken, selbst hervorbringen beziehungsweise zu verstehen suchen, aus einzelnen *Wörtern* zusammengesetzt ist. Diese Erkenntnis ist jedoch unbedingt erforderlich für die sinnvolle Verwendung von Zeichengruppen — die, wie den Kindern nun klar werden muß, der gesprochenen Sprache entsprechen. Die Erkenntnis einer solchen Entsprechung von gesprochener Sprache und Zeichen, besonders der Existenz solcher Symbole und ihrer Funktion — sollte beim Kind niemals als selbstverständlich vorausgesetzt werden. Es ist von entscheidender Bedeutung, dafür zu sorgen, daß das Kind versteht, daß es sich bei den Zeichen auf dem Papier um eine geschriebene Version der gesprochenen Sprache handelt. Im weiteren Verlauf ist es dann wichtig, ihm die spezifischen Funktionen und die Nützlichkeit der geschriebenen Version — als Gedächtnisstütze, als Kommunikationsmittel und so weiter — nahezubringen. Werden diese Vorbereitungen gewissenhaft durchgeführt, so kann das Kind den Sinn und Zweck dessen, was es nun tun soll, klar erfassen — wodurch ihm die verwirrende Erfahrung, sich mit dem Erlernen einer nicht verstandenen Tätigkeit zu plagen, erspart bleibt.

Hat das Kind einmal mit dem Lesen begonnen, so kann die Art und Weise, wie dieses unterrichtet wird, weitreichende Konsequenzen haben. Wir alle wissen, daß die Beherrschung des Lesens in unserer Gesellschaft von großer praktischer Bedeutung ist. Sind die in den vorhergehenden Kapiteln ausgeführten Überlegungen richtig, so hat der *Prozeß* des Lesenlernens unter Umständen deutliche — wenn auch vielfach nicht vermutete — Auswirkungen auf die intellektuelle Entwicklung des Kindes. Diese Einflußnahme geschieht auf dem Weg der Förderung höchst bedeutsamer Formen der Bewußtheit und Selbstkontrolle im Bereich des Denkens.

Es leuchtet ein, daß von verschiedenen Methoden des Leseunterrichts eine solche Förderung in unterschiedlichem Maße zu erwarten ist. Eine Schlüsselfunktion kommt dabei der Frage zu, inwieweit die Art des Unterrichts dem Kind Zeit zu ruhigem Nachdenken läßt. Im späteren Leben wird oft sehr viel Wert auf «Schnelllesen» gelegt, wobei es für einen Erwachsenen zweifellos nützlich ist, schnell lesen zu können, wenn dies erforderlich ist. Doch Schnelligkeit und bewußtes Nachdenken sind unvereinbare Ziele — und zwar auf jeder Altersstufe. I. A. RICHARDS (1943) hob die Bedeutung dieser bewußten Überlegung besonders hervor; sie schrieb ein ganzes Buch über die Frage: Wie lese ich eine Seite eines Textes?

Ist man bemüht, schon früh die Entwicklung der Fähigkeit zu reflektiver Tätigkeit zu fördern, so sind Fehlerfreiheit und Schnelligkeit gerade *nicht* die Dinge, auf die es ankommt. Ein Kind, von dem erwartet wird, daß es bei der Darbietung von Wortkarten blitzschnell mit den richtigen Lauten reagiert, denkt in dieser Situation sicherlich nicht über verschiedene Interpretationsmöglichkeiten nach. Wenn es das Wort nicht sogleich erkennt, ist es gezwungen, wild drauflzuraten — die Situation erlaubt ihm nicht, in Ruhe nachzudenken und sich seiner Überlegungen bewußt zu werden.

Die Methode der «Wortkarten» läßt dem Kind nicht nur keine Zeit zum Nachdenken — sie beraubt es darüberhinaus einer weiteren Voraussetzung für das sorgfältige Abwägen verschiedener Möglichkeiten. Denn das setzt eine Situation voraus, die hinreichend strukturiert ist, um die vielen Interpretationsmöglichkeiten auf ein zu bewältigendes Maß zu reduzieren. Zeit allein genügt nicht; niemand — weder Kind noch Erwachsener — ist in der Lage, unbegrenzte oder sehr viele Möglichkeiten gegeneinander abzuwägen. Obwohl die Wörter auf der Seite eines Buches (Abbildungen ausgenommen) von nichtsprachlichen Zusammenhängen frei sind, treten sie doch in der Regel innerhalb eines sprachlichen Kontextes auf — eingebettet in sinnvolle Sätze und Satzgruppen. Eben dieser Kontext kann herangezogen werden, um die notwendige Struktur zu liefern.

Das Kind gelangt am ehesten dahin, verschiedene Bedeutungen gegeneinander abzuwägen, wenn es mit einem zusammenhängenden Text konfrontiert ist, in dem genau das richtige Verhältnis zwischen bekannten und unbekannten Wörtern herrscht; wichtig ist, daß die vertrauten, dem Kind geläufigen Teile des Textes so angeordnet sind, daß dem Kind angesichts des Unbekannten eine überschaubare Zahl von Interpretationsmöglichkeiten naheliegen.

Daraus resultiert eine weitere Forderung: Die grammatikalische Struktur des Textes darf von den grammatikalischen Formen der Sprache des Kindes nicht allzuweit entfernt sein. Zwischen der geschriebenen und der gesprochenen Sprache bestehen Unterschiede, die bislang nicht berücksichtigt wurden. Im Laufe ihrer Entwicklung über die Jahrhunderte entstanden innerhalb der Schriftsprache spezifische Formen — Inversionen, literarische Wendungen, Stilmittel verschiedenster Art —, die zwischen der geschriebenen und der gesprochenen Sprache einen tiefen Graben zogen. So würden wir zum Beispiel durchaus schreiben: «Wen anderen sollte er sehen als die alte Frau» — doch würden wir wohl kaum so sprechen.

Es ist freilich unumgänglich, daß die Kinder lernen, die Formen der Schriftsprache zu beherrschen. Es wird ihnen jedoch leichter fallen, sich mit verschiedenen Bedeutungsmöglichkeiten auseinander zu setzen, wenn ihnen *in der Anfangsphase* der Umgang mit den vertrauten Rhythmen der gesprochenen Sprache erlaubt wird.

Ich halte dies sogar im Falle jener Kinder für richtig, die aufgrund der vielen Geschichten, die sie im Lauf der Jahre in ihrem Elternhaus vorgelesen bekamen, bereits bis zu einem gewissen Grad mit den Strukturen der geschriebenen Sprache und mit den Unterschieden zur gesprochenen Sprache vertraut sind. Umso mehr gilt es für Kinder, denen diese Erfahrung ganz oder teilweise fehlt. Für sie ist es von größter Bedeutung, daß ihnen in der Schule Geschichten vorgelesen werden, wobei die Auswahl der Geschichten nicht nur inhaltlichen, sondern auch sprachlichen Kriterien folgen sollte.

Später dann sollten die literarischen Formen nach und nach eingeführt werden, entsprechend dem wachsenden Können — und Selbstvertrauen — der Kinder.

Jess Reid habe ich für zahlreiche Diskussionen zu danken, die mir ein besseres Verständnis dieses Problemkreises ermöglichten. Reids Leseprogramm, *Link-up*, das sie gemeinsam mit Joan Low erstellte, ist das einzige mir bekannte, das die hier angeführten Gesichtspunkte umfassend berücksichtigt (Reid & Low 1972).

Es besteht also die Hoffnung, daß der Leseunterricht in einer Art und Weise gestaltet werden kann, wodurch das Kind zu größerer reflektiver Bewußtheit nicht nur hinsichtlich der Sprache als eines Symbolsystems, sondern auch hinsichtlich seiner eigenen Denkprozesse gelangt. Dennoch gibt es — bei aller Bedeutsamkeit des Lesenlernens — keinen Grund zu der Annahme, daß dies der einzig mögliche Weg wäre. VYGOTSKY (1962) meinte dazu: «Die gemeinsame Grundlage aller höheren psychischen Funktionen sind Bewußtheit, Abstraktion und Kontrolle.» VYGOTSKY war der Überzeugung, es sei eine der grundlegenden Möglichkeiten und Aufgaben der Schule, alle Unterrichtsfächer so zu gestalten, daß sie zur Entwicklung von «Bewußtheit» und wohlüberlegter Beherrschung beitragen könnten. Doch kommt es hier natürlich wiederum auf die Art des Unterrichts an. Wenn ein Kind zum Beispiel innerhalb des Dezimalsystems zu rechnen lernt, ohne sich darüber klar zu werden, daß dieses nur eines von vielen möglichen Systemen darstellt, dann — so VYGOTSKY — «beherrscht es das System nicht, sondern ist darin gefangen.»

Freilich kann eine solche Erkenntnis immer nur am Ende, niemals am Anfang eines Lernprozesses stehen. Es wäre völlig unmöglich, den Rechenunterricht mit einem Vortrag über den Begriff der Grundzahl zu beginnen. Doch sollte man das angestrebte Endziel niemals aus den Augen verlieren und stets darauf hinarbeiten. Von Anfang an kann man versuchen, dem Kind zu einer gewissen allgemeinen Vorstellung der zu bewältigenden Lernaufgabe zu verhelfen — damit es zumindest ansatzweise begreift, worum es geht, bevor es mit einer Vielzahl verwirrender Einzelprobleme konfrontiert wird.

Für das Lesenlernen wurde dies bereits näher ausgeführt. Es trifft in gleicher Weise auch für alle anderen Unterrichtsinhalte zu. Doch darf dabei nicht übersehen werden, daß es keineswegs einfach ist, Kindern diesen ersten, entscheidenden Einblick in einen Gegenstandsbereich zu vermitteln. Es stellt hohe Anforderungen an die Fähigkeit des Lehrers, sein Denken zu dezentrieren (siehe Kapitel 2). Erwachsene besitzen zumeist große Vertrautheit mit Inhalten jener ersten Unterrichtsgebiete; dies verstellt ihnen den Blick dafür, was die Kinder nun jeweils im einzelnen erfahren müssen.

Genau das gleiche gilt im Falle von Anweisungen des Lehrers an die Kinder. Die Geschichte von LAURIE LEE (siehe Kapitel 2) liefert ein eindringliches Beispiel für die damit verbundenen Risiken. Es ist immer schwierig, bei Anweisungen für kleine Kinder angemessene und hinreichend verständliche Formulierungen zu finden. In vielen Fällen sind die Anweisungen des Lehrers nur anhand zusätzlicher Informationen verständlich, die in seiner Aussage nicht enthalten und dem Kind vielleicht nicht bekannt sind. Je jünger das Kind und je größer der Bildungsunterschied zwischen Schule und Elternhaus, desto größer ist das Risiko. Wird ein Kind beispielsweise aufgefordert, es solle «das *nächste* Bild» anschauen, so kann es dieser Aufforderung nicht nachkommen, wenn ihm die Regeln für die Gliederung einer Buchseite nicht vertraut sind. Soll es deshalb nun als dumm bezeichnet werden?

Kein Lehrer, wie einfühlsam, phantasievoll und gut ausgebildet er auch sein mag, ist je in der Lage, alle möglichen Schwierigkeiten dieser Art vorwegzunehmen. Somit erhebt sich die Frage, wie die Kinder dazu gebracht werden können, zu fragen, wenn sie etwas nicht verstehen. PETER LLOYD (1975) stellte in den in Kapitel 2 beschriebenen Untersuchungen fest, daß Vorschulkinder selten von sich aus Fragen stellten, wenn sie unzureichende Informationen erhielten; wurden sie allerdings ausdrücklich dazu aufgefordert, so konnten sie dies in der Regel sehr gut. Lernen, Fragen zu stellen, ist ein wichtiger Prozeß, da er voraussetzt, daß sich das Kind seiner Unsicherheit bezüglich der Bedeutung dessen, was der Lehrer sagt, bewußt wird. Das fördert die Bewußtheit seines Denkens und Handelns.

Hinsichtlich der Bereitschaft, bei Unklarheiten nachzufragen, bestehen naturgemäß große Unterschiede. Entgegen PETER LLOYDS allgemeiner Beobachtung steht mir das Bild eines Kindergartenkindes klar vor Augen, das kein Ereignis vorbeigehen ließ, ohne jeden verfügbaren Erwachsenen eingehend danach auszufragen. Diese individuellen Unterschiede wird es immer geben.

Für den Lehrer dürfte der auffallendste Unterschied darin liegen, wie leicht oder schwer einem Kind bei neuen Lernaufgaben geholfen werden kann. VYGOTSKY vertrat die Ansicht, daß es für den Lehrer aufschlußreicher sei, herauszufinden, was ein Kind «mit ein wenig Unterstützung» erreichen kann, als was es ohne Hilfe alleine zu bewältigen vermag. Zwei Kinder mögen hinsichtlich dessen, was sie ohne Unterstützung leisten können, gleich sein, aber nicht hinsichtlich der Leichtigkeit, mit denen ihnen geholfen werden kann — ein Phänomen, das jedem Lehrer vertraut ist. Man kann nun die Behauptung aufstellen, ein Kind, das nur schwer lernt, sei noch zu «unreif» und überläßt es solange sich selbst, bis es vielleicht eines Tages die nötige Reife erlangt. Andererseits kann man aber auch der Ansicht sein, daß ein solches Kind eben ganz besonders intensiver Förderung bedarf, und man wird versuchen festzustellen, wo es Hilfe braucht und wo seine Lerndefizite liegen. Denn für das Erlernen einer bestimmten Fertigkeit «reif» zu sein, bedeutet laut BRUNER (1966) lediglich, gewisse andere, dafür erforderliche Fertigkeiten bereits zu besitzen.

Die Kunst des Lehrers besteht nun im wesentlichen darin, für jedes einzelne Kind zu entscheiden, welche Hilfe in seinem Fall nötig ist, und wie diese am besten geleistet werden könnte. Dafür kann es freilich kein Patentrezept geben; doch vielleicht ist es möglich, einiges darüber auszusagen, welche *Arten* von Hilfe erfolgversprechender scheinen. Eine neuere Arbeit von ROBERT SIEGLER (1976) beschäftigt sich mit dieser Frage.

In SIEGLERS Versuchen handelt es sich um die bekannte Gleichgewichtsaufgabe an einem Waagebalken; es soll vorhergesagt werden, welches Ende eines Balkens sich senkt, wenn dieser an bestimmten Punkten mit einer gewissen Anzahl von Gewichten belastet wird. Die Versuchspersonen waren Kinder im Alter von fünf beziehungsweise acht Jahren; beide Gruppen schienen die Aufgabe zunächst in genau der gleichen Weise zu bearbeiten. Dann konfrontierte SIEGLER die Kinder mit sogenannten «Konfliktaufgaben» — d. h. mit Aufgaben, bei denen sich auf der einen Seite des Waagebalkens mehr Gewichte, aber in geringerer Entfernung vom Stützpunkt befanden (z. B. 4 Gewichte auf Stift 2), während die andere Seite weniger Gewichte trug, allerdings weiter vom Stützpunkt entfernt (z. B. 3 Gewichte auf Stift 3).

Bei diesen Konfliktaufgaben kam es zu unterschiedlichen Vorhersagen, wenn entweder nur das Gewicht oder nur die Entfernung berücksichtigt wurde. Wie sich im weiteren Verlauf der Untersuchung zeigte, konnten die Achtjährigen aus der Erfahrung mit den Konfliktaufgaben im allgemeinen Nutzen ziehen und komplexere, dem Sachverhalt angemessenere Regeln entwickeln. Die Fünfjährigen hingegen schienen aus diesen Erfahrungen nichts zu lernen.

Man könnte nun annehmen, die Fünfjährigen wären eben noch nicht «reif» genug gewesen, um zu lernen — zumindest nicht im Rahmen dieser Aufgabe. Doch ist dies keine Erklärung. Wir müssen fragen, weshalb diese Kinder nicht lernten. Siegler versuchte dies herauszufinden.

Er gelangte dabei zu dem Schluß, daß der entscheidende Unterschied darin lag, wie die Kinder die Aufgabe «dekodierten» — d. h. welche Vorstellung sie sich von ihr bildeten. Es kam ganz darauf an, welche Aspekte der Aufgabenstruktur sie beachteten (beziehungsweise wahrnahmen).

Mit Hilfe zweier verschiedener Verfahren versuchte Siegler zu ermitteln, worauf die Kinder achteten, wenn sie zu Beginn einer neuen Aufgabe den Waagebalken betrachteten. Zunächst führte er an einer Reihe von Kindern Einzelbeobachtungen während der Aufgabenbearbeitung durch; er stellte ihnen Fragen und hielt ihre Antworten sowie ihre spontanen Kommentare fest. Dann zeigte er ihnen verschiedene mögliche Gewichtsanordnungen auf dem Waagebalken, verlangte jedoch keine Vorhersage. Stattdessen forderte er die Kinder auf, sich die jeweilige Anordnung genau anzusehen und sie anschließend — nach Entfernung des ursprünglichen Waagebalkens — auf einem anderen nachzubauen. Die Besonderheit dieses Reproduktionsverfahrens bestand darin, daß es unabhängig von der Fähigkeit des Kindes, richtige Vorsagen zu treffen, Hinweise darauf lieferte, worauf das Kind sein Augenmerk richtete.

Anhand dieser Vorgangsweise konnte Siegler zeigen, daß die Fünfjährigen in der Regel darauf achteten, wieviel Gewichte auf den beiden Seiten des Waagebalkens lagen, dabei aber deren Entfernung vom Stützpunkt außer acht ließen.

Nun erhob sich die Frage, weshalb die jüngeren Kinder die Entfernung weniger beachteten als das Gewicht — beziehungsweise was sich dagegen unternehmen ließe. Siegler versuchte, darauf eine Antwort zu finden. So fragte er sich zum Beispiel, ob die Kinder vielleicht mehr Zeit benötigten, doch diese Überlegung führte nicht zum Ziel. Des weiteren prüfte er, welchen Einfluß es hätte, wenn er den Kindern ganz einfach sagte, worauf sie achten sollten; doch derartige Hinweise änderten nichts an dem erwähnten Unterschied zwischen den Altersgruppen. Zuletzt gab Siegler den Kindern ganz detaillierte Anweisungen für das Nachbilden der Gewichtsanordnungen: «Du mußt das so machen. Zuerst zählst du, wieviele Gewichte auf dieser Seite des Waagebalkens liegen — eins, zwei, drei, vier. Dann siehst du nach, wieviele Stifte es bis zur Mitte sind

— eins, zwei, drei. Und jetzt sagst du dir vor: ‹vier Gewichte am dritten Stift› » — und so weiter.

Danach wiederholte er diesen Vorgang mehrere Male und baute eine Gewichtsanordnung gemeinsam mit dem Kind nach; es folgten sieben Übungsdurchgänge, in denen der Versuchsleiter dem Kind bei der Aufgabenlösung zusah und es auf Fehler aufmerksam machte.

Nach solchen Vorübungen nahmen diese Fünfjährigen ebenfalls an dem Versuch zur Vorhersage bei Konfliktaufgaben teil, der zuvor bei ihren Altersgenossen keinerlei sichtbaren Lernfortschritt bewirkt hatte. Doch nun war das Ergebnis ein anderes: Die Fünfjährigen profitierten ebenso wie die Achtjährigen von der Erfahrung mit den Konfliktaufgaben und lernten dadurch, die Vorhersageaufgaben besser zu lösen. Zwar steigerte sich ihre Leistung nicht so sehr wie die der acht Jahre alten Kinder, doch machten sie wesentlich größere Fortschritte als ihre Altersgenossen, die nicht in dieser Weise vorbereitet worden waren. Sie erwiesen sich für diesen Lernschritt nun als lernbereit.

Inwieweit Sieglers Ergebnisse verallgemeinert werden können, ist unklar; doch hat er in seiner Untersuchung anscheinend etwas sehr Grundlegendes zeigen können. Wenn es darum geht, eine Aufgabe zu lösen, ist es — bescheiden ausgedrückt — unzweifelhaft von Vorteil, daß man die für die Lösung relevanten Merkmale auch erfassen kann. Zudem gibt es für die kognitive Repräsentation dieser Merkmale vermutlich unterschiedlich günstige Strategien — die es dem Betreffenden erleichtern oder erschweren, die relevanten Aspekte im Gedächtnis zu behalten und gedanklich mit ihnen umzugehen. (Einige sehr eindrucksvolle Beispiele hierzu werden von Bruner 1966/74 aufgeführt). Somit dürfte die Aufgabe des Lehrers zu einem wesentlichen Teil darin bestehen, den Kindern zu helfen, angemessene Vorstellungsbilder der ihnen gestellten Aufgabe zu entwickeln.

Dieses Fazit aus Sieglers Untersuchungen über das Problem der Lernbereitschaft bestätigt weiterhin, daß dem Kind unbedingt ein klares Verständnis für die vor ihm liegenden Lernaufgabe vermittelt werden sollte. Bei den bisherigen Erörterungen ging es allerdings um den Begriff «Verständnis» im allgemeinen Sinn. Was aber bedeuten die als «Lesen», «Rechnen» und so weiter bezeichneten Tätigkeiten und wozu dienen sie? Im folgenden wollen wir darüber sprechen, wie wichtig es ist, eine detaillierte Vorstellung von der Aufgabenstruktur zu erwerben. Was damit gemeint ist, sei wiederum am Beispiel des Lesenlernens illustriert.

In der allerersten Anfangsphase des Lesenlernens braucht das Kind zunächst nur zu begreifen, daß es zwischen den Zeichen, die auf dem Papier zu sehen sind, und der gesprochenen Sprache eine bestimmte, noch nicht näher definierte Entsprechung gibt; diese Entsprechung muß es dann in allen ihren Einzelheiten verstehen lernen. Es handelt sich also um zwei unterschiedliche Formen des Verstehens: die allgemeine Erkenntnis, daß es eine solche Entsprechung gibt, und die spezifische Erfahrung, daß jede einzelne Buchstabenkombination eine Bedeutung hat. Dazwischen steht die Frage nach dem grundlegenden Charakter der gegebenen Entsprechung.

Für das Kind dürfte die naheliegendste Hypothese die einer Eins-zu-eins-Entsprechung sein. Denn sobald ihm klar wird, daß geschriebene Wörter aus Buchstaben und gesprochene Wörter aus Lauten zusammengesetzt sind, wird es anfangs vermuten, daß jeder Buchstabe einem — und nur diesem einen — Laut entspreche (bzw. «für diesen stehe»).

Dies trifft nicht zu. Ein Kind, das eine solche Eins-zu-eins-Zuordnung annimmt, gerät sehr bald in größte Schwierigkeiten. Dennoch bestärken viele Lehrer ihre Schüler systematisch in diesem falschen — so bereitwillig akzeptierten — Glauben. So bringen sie ihnen beispielsweise bei, daß der Buchstabe *e* dem Laut [e], wie in Emil, entspreche, obwohl klar ist, daß sie beim Lesenlernen über kurz oder lang auch Wörtern wie Henne begegnen, in denen zwei ganz unterschiedliche [e]-Laute durch das gleiche Symbol *e* repräsentiert werden, die beide noch dazu nicht dem «e» in Emil entsprechen.

Somit erhebt sich die Frage, ob es nicht besser wäre, das Kind auf den wahren Charakter der Entsprechung zwischen den Einheiten der geschriebenen und der gesprochenen Sprache aufmerksam zu machen, und zwar von dem Augenblick an, wenn es mit der analytischen — d. h. auf die einzelnen Buchstaben und deren Abfolge gerichteten — Betrachtung geschriebener Wörter beginnt. Denn in Wirklichkeit existiert für die meisten Buchstaben sowie für bestimmte Buchstabengruppen innerhalb des Lautsystems eine ganze Reihe verschiedener Wiedergabemöglichkeiten. Es handelt sich nicht um eine Eins-zu-eins, sondern um eine Eins-zu-n (d. h. Eins-zu-zwei, Eins-zu-drei usw.)-Entsprechung. So kann der Buchstabe *s* zum Beispiel als [s], wie in *singen,* oder als [ʃ], wie in *stehen*, ausgesprochen werden.

Natürlich gibt es auch Mehrfachentsprechnungen in der umgekehrten Richtung — d. h. von den Lauten zu den Schriftzeichen. Bestimmte Laute können folglich auf mehrere verschiedene Arten wiedergegeben werden — der Laut [f] zum Beispiel durch die Buchstaben *f* oder *v* oder auch durch die Buchstabenkombination *ph*. Doch diese Laut-Schriftzeichen-Entsprechung betreffen die Rechtschreibung und nicht das Lesen. Es wäre zweifellos wichtig, die Kinder diesbezüglich vor Verwirrung zu bewahren. Diese Art der Hilfe wird gegenwärtig in vielen Fällen nicht gegeben.

Es scheint eine weitverbreitete Meinung zu sein, man dürfe die Kinder anfangs nicht mit der Komplexität des zu lernenden Systems konfrontieren, da sie zur Bewältigung derart komplizierter Sachverhalte nicht in der Lage wären. Ich teile diese Ansicht nicht. Die Ursache für diesen Irrglauben liegt meiner Ansicht nach darin, daß ein ganz entscheidender Unterschied außer acht gelassen wird, und zwar die Differenzierung zwischen dem Verstehen des Wesens eines Systems einerseits und dem Beherrschen aller innerhalb dieses Systems gegebenen Einzelbeziehungen andererseits. Es ist unvermeidlich, daß Kinder geraume Zeit benötigen, um alle möglichen Entsprechungen zu lernen; es stellt sich jedoch die Frage, ob ihnen dies möglicherweise leichter fällt, wenn sie über die Aufgabe, die sie erwartet, richtig informiert sind.

Die Annahme ist unbegründet, daß fünf Jahre alte Kinder nicht in der Lage sind, ein System zu begreifen, das verschiedene Wahlmöglichkeiten enthält. Kinder entwickeln, wie bereits erläutert wurde, schon sehr früh einen gewissen Sinn dafür, daß es in einer Situation unter Umständen mehr als eine Möglichkeit gibt. So verstehen sie durchaus, daß ein bestimmter Weg entweder zu Fuß oder mit dem Fahrrad oder mit dem Auto zurückgelegt werden kann. Ebenso wissen sie, daß ein Kind, das in der Schule fehlt, möglicherweise die Masern oder eine Erkältung hat oder vielleicht die Schule schwänzt. BARBARA WALLINGTON (1974) stellte in ihren Untersuchungen überdies fest, daß Kinder spätestens von dreieinhalb Jahren an in der Lage sind, Aussagen wie z. B.: «das kleine Häuschen ist entweder in dieser oder jener Schachtel» zu verstehen und entsprechend zu handeln.

Kleine Kinder formulieren kaum von sich aus Hypothesen, in denen Alternativen angegeben sind — doch das ist etwas ganz anderes. Umso wichtiger ist es, sie darauf hinzuweisen, wenn sie es mit einem System zu tun haben, das Alternativen enthält.

Diese Ansicht wird auch bei GIBSON & LEVIN (1975) vertreten. Sie ziehen den Schluß, daß das Wesen des Entsprechungssystems so früh wie möglich dargelegt werden soll, um einen größtmöglichen Transfer zu erzielen. Ein solcher Hinweis versetzt das Kind in die Lage, zu verstehen, welcher *Art* die Lernaufgabe ist, die auf es zukommt. Wenn wir so vorgehen, dürften wir nicht nur die besten Voraussetzungen für eine sichere Beherrschung der Fähigkeit zur Wortentschlüsselung schaffen, sondern dies hätte darüberhinaus noch den allgemeinen Vorteil — sofern die in diesem Buch vorgebrachte Argumentation hinreichend begründet ist —, daß reflektives Denken sowie Bewußtheit bezüglich der eigenen Denkprozesse gefördert werden.

Kinder — auch wenn sie noch sehr klein sind — überlassen sich nicht passiv der Führung anderer. Sie beschäftigen sich aktiv mit der Erkundung ihrer Umwelt und gehen dabei von dem aus, was ihnen die Erwachsenen darüber sagen. Nun sollten wir sie nicht dadurch behindern, indem wir sie an einen Ausgangspunkt führen, von dem aus der Weg unnötig weit und mühsam ist. Ich denke hier an den Mann, der, als er nach dem Weg in einen abgelegenen Ort gefragt wurde, antwortete: «An ihrer Stelle würde ich von woanders losfahren!»

In einem Aufsatz über ihre Untersuchungen zur Methodik des Mathematikunterrichts warnt LAUREN RESNICK (1976) eindringlich davor, die Tendenz des Kindes zu aktivem Erforschen und Erkunden zu unterschätzen. Ihrer Ansicht nach geht es nicht so sehr um die Entscheidung zwischen Regellernen und entdeckendem Lernen, als vielmehr um das Problem, Unterrichtsmethoden zu entwickeln, die Möglichkeiten zu eigenen Erfahrungen und Entdeckungen bieten. RESNICK betont, daß dies nur gelingen kann, wenn die Unterrichtsmethode das Wesen und die Struktur der Aufgabe nicht verschleiert.

Auch wenn es uns noch so gut gelingen mag, die Struktur einer Aufgabe klar darzulegen und den Kindern zu helfen, entsprechende Vorstellungsbilder von ihr zu entwickeln, müssen wir uns dennoch vor zu großem Optimismus hüten. Jedes Kind, das sich aktiv um Erkenntnis bemüht, macht Fehler. Daher ist es wohl berechtigt, daß wir uns mit der Rolle des Fehlers bei Lernprozessen befassen und darüber nachdenken, was wir dagegen tun können.

Einige pädagogische Theorien vertreten die Ansicht, es könne niemals von Nutzen sein, sich zu irren; dementsprechend sei es eine wichtige Aufgabe des Lehrers, die Schüler vor Fehlern zu bewahren und durch sorgfältige Planung des Unterrichts alle Hindernisse aus dem Weg zu räumen.

Pädagogische Überlegungen dieser Art gehen in der Regel von der Überzeugung aus, externe Belohnungen und Bestrafungen seien die Treibfeder allen Lernens. Nach dieser Sichtweise besteht Lernen im Einprägen richtiger und im Ausmerzen falscher Reaktionen — und in nichts weiter. In diesem Zusammenhang mag es als das beste erscheinen, falsche Reaktionen von vornherein auszuschließen.

Zweifellos gibt es Lernsituationen, in denen dies angebracht ist, wo Fehler besser vermieden werden. Andererseits können aber Fehler in der Entwicklung des Denkens offensichtlich auch eine sehr positive Rolle spielen. Es gilt durchaus als erwiesen, daß das Auftreten von Fehlern einen Entwicklungsfortschritt ankündigen kann (womit freilich keineswegs behauptet werden soll, daß alle Fehler in diesem Sinn zu verstehen wären). Wie sich zeigt, ist in der Regel folgender Ablauf zu beobachten: Das Kind löst eine Aufgabe zunächst ganz richtig, beginnt sodann systematisch Fehler zu machen, und kehrt schließlich zu dem zurück, was — oberflächlich betrachtet — seiner ursprünglichen richtigen Reaktion entspricht. Für diese Phänomen ließen sich zahlreiche Beispiele nennen. Über eine besonders interessante Untersuchung zu diesem Problem liegt ein erst kürzlich veröffentlichter Bericht von ANNETTE KARMILOFF-SMITH & BÄRBEL INHELDER (1975) vor.

Die Kinder hatten bei diesem Versuch die Aufgabe, Holzklötze auf einem schmalen Balken ins Gleichgewicht zu bringen. Bei einem Teil der Klötze war das Gewicht gleichmäßig über die ganze Länge verteilt, so daß der Schwerpunkt und der geometrische Mittelpunkt zusammenfielen; beim Rest der Klötze war ein Ende schwerer. Bei den Klötzen mit ungleich verteiltem Gewicht war der Gewichtsunterschied zwischen den beiden Enden manchmal gekennzeichnet und manchmal nicht; so gab es Klötze, die durch unsichtbare, eingelegte Metallstücke beschwert waren.

Es stellte sich heraus, daß die jüngsten Versuchspersonen bei dieser Aufgabe in vielen Fällen Erfolg hatten, wo ältere Kinder versagten, während noch ältere wiederum erfolgreich waren. Anscheinend ließen sich die jüngsten Kinder fast ausschließlich davon leiten, wie sich die Klötze anfühlten: sie hatten keinerlei Theorie. Sie nahmen einfach einen Klotz nach dem anderen und rückten ihn so lange auf dem Balken hin und her, bis er ruhig liegen blieb. Doch mit fortschreitendem Alter traten einfache Theorien — «Arbeitshypothesen», wie die Autorinnen sie nennen — auf. Die Kinder versuchten nun, anhand von Regeln systematisch vorzugehen. Dabei muß man beachten, daß es in diesem Versuch nicht darum ging, die Kinder entsprechend zu unterweisen, sie entwickelten die Regeln vielmehr ganz spontan.

Natürlich war es häufig so, daß die Kinder ihre Regeln nicht ausdrücklich formulierten, wenn auch bisweilen Bemerkungen wie: «Dinge sind immer dann im Gleichgewicht, wenn sie in der Mitte liegen» registriert wurden. Doch auch ohne derartige eindeutige Aussagen konnte aus dem Verhalten der Kinder auf das Vorhandensein von Regeln geschlossen werden.

In der Regel war folgende Entwicklung zu beobachten: Wenn ein Kind der mittleren Altersstufe einen ungleichmäßig schweren Klotz in die Hand nahm, legte es diesen — anscheinend ohne sich in irgendeiner Weise darum zu kümmern, wie er sich anfühlte — genau im Mittelpunkt seiner Länge auf den Balken. Er fiel herunter. Das Kind versuchte dasselbe noch einmal, und wieder fiel der Klotz herunter. Manchmal jedoch traf die «Mittelpunktsregel» jedoch zu, da einige Klötze eine gleichmäßige Gewichtsverteilung hatten. Dieser gelegentliche Erfolg reichte anscheinend aus, um die Theorie längere Zeit hindurch aufrecht zu erhalten. Es schien, als müßte das Kind seine ursprüngliche Theorie festigen, bevor es Korrekturen vornehmen konnte, um den widersprüchlichen Erfahrungen Rechnung zu tragen. Die neue, modifizierte Version entwickelte sich eher parallel zur ursprünglichen, anstatt diese übergangslos abzulösen.

Es überrascht keineswegs, daß die ersten Regeln, die zur Bewältigung eines komplexen Systems entwickelt werden, in unangemessener Weise vereinfacht sind und daß ihre Anwendung in bestimmten Fällen zu Fehlern führt. Von Bedeutung ist vielmehr, wie diese mangelhaften Regeln durch angemessenere ersetzt und wie die aus ihnen entstandenen Fehler überwunden werden.

Die Tatsache, daß die vom Kind entwickelten Hypothesen zunächst oft zu einfach sind, könnte als Argument dafür herangezogen werden, ihm vereinfachte Regeln mit der Begründung anzubieten, daß diese «seinem Wesen entsprächen». Meiner Ansicht nach ist diese Argumentation jedoch äußerst fragwürdig. Was das Kind sich selbst zurechtlegt, hat in seiner Gedankenwelt einen ganz anderen Status als das, was maßgebende Erwachsene ihm sagen. Fehler, die sich spontan ergeben, pädagogisch zu verwerten, ist etwas ganz anderes, als bewußt Fehler ins Spiel zu bringen.

In dem hier beschriebenen Versuch konnte das Kind deutlich erkennen, daß die von ihm angewandte Regel unzulänglich war. Es gibt aber auch Situationen, in denen dies nicht so klar hervortritt — dann ist es wenig nützlich, Fehler zu machen, ohne dies zu erkennen! Wenn wir also versuchen wollen, auftretende Fehler für den Unterricht zu verwerten, müssen wir uns fragen, wie Kindern ihre Fehler bewußt gemacht werden können — wie ihnen die entscheidende Erkenntnis: «Ich habe unrecht!» vermittelt werden kann.

Zudem gilt es zu überlegen, wie dem Kind geholfen werden kann, seine Fehler zu erkennen und zu überwinden, ohne sich durch sie entmutigen und von der gegebenen Lernaufgabe abschrecken zu lassen — doch dazu später mehr (siehe Kapitel 10).

Ein sehr berühmtes historisches Beispiel zeigt, wie ein großer Lehrer jene Einsicht erreichte. PLATO (1956) berichtete von einer Lektion in Geometrie, die SOKRATES einem jungen Sklaven erteilte.

Der Sklavenjunge befand sich in dem falschen Glauben, daß sich bei der Verdoppelung der Fläche eines Vierecks auch die Länge seiner Seiten verdoppele. Wenn also ein Quadrat mit 2 m langen Seiten eine Fläche von 4 m² hat, so wären bei einem Quadrat mit der doppelten Fläche von 8 m² dementsprechend auch die Seiten doppelt — und zwar 4 m — lang.

SOKRATES stellt nun eine Reihe von Fragen, bei deren Beantwortung der junge Sklave in Widerspruch zu sich selbst gerät. Dies läßt erkennen, daß seine ursprüngliche Meinung falsch war und er in Wirklichkeit nicht weiß, wie lang die Seiten des neuen Quadrates sein müssen, wenn seine Fläche verdoppelt werden soll. An dieser Stelle seiner Lektion gibt SOKRATES folgenden Kommentar:

Anfangs wußte er nicht, wie lang die Seiten eines 8 m² großen Quadrates ist. Jetzt weiß er es ebensowenig, doch vorher bildete er sich ein, es zu wissen, und antwortete kühn mit fester Überzeugung — er verspürte kein Zeichen von Unsicherheit. Nun aber fühlt er sich unsicher. Nicht nur, daß er keine Antwort weiß, jetzt glaubt er auch nicht mehr, sie zu wissen.

Mit anderen Worten ausgedrückt, ist sich der junge Sklave seines Irrtums nun *bewußt*. SOKRATES behauptet weiterhin, der Knabe befände sich aufgrund der in ihm entstandenen Verwirrung jetzt in einer besseren Lage; denn er wird den Wunsch verspüren, die richtige Lösung zu erfahren. Solange er glaubte, er wisse Bescheid, gab es keinerlei Hoffnung auf Weiterentwicklung, da er ja mit seinem Wissensstand zufrieden war. Jetzt aber kann er sich nicht mehr mit seiner Unwissenheit und Verwirrung zufriedengeben. Er möchte diesen Zustand selbst überwinden.

Bezüglich der ersten dieser beiden Behauptungen kann es kaum Zweifel geben. Doch wie steht es mit der zweiten? Ist es wirklich so sicher, daß sich der Sklavenjunge von seiner Unsicherheit befreien will? Könnte es nicht auch sein, daß er entmutigt aufgibt?

Was löst in uns den Wunsch aus, etwas zu lernen?

10. Der Wunsch zu lernen

Schon sehr früh zeigt der Säugling einen starken Drang, die Welt, in der er lebt, zu bewältigen. Dies ist ihm aufgrund seiner unzureichenden Fähigkeit zu motorischer Kontrolle zunächst jedoch nur in begrenztem Umfang möglich. Man kann ihn insofern mit Recht als «hilflos» bezeichnen, als seine Möglichkeiten zur Bewältigung der Umwelt noch zu gering sind, um ihm ein Überleben ohne die Hilfe anderer zu erlauben. Angesichts dessen ist es umso interessanter festzustellen, daß der Drang, sich in der Umwelt zurechtzufinden, in dieser Phase der Hilflosigkeit bereits vorhanden ist, und es scheint keine andere Motivation, kein anderer Anreiz dahinterzustehen als der Wunsch nach Kompetenz und Kontrolle.

Lange Zeit war es eine weitverbreitete Ansicht, daß Säuglinge — und andere Lebewesen — Dinge dadurch lernen, daß bestimmte Verhaltensweisen zu «Belohnungen» führen — und es gibt auch heute noch keinen Grund, daran zu zweifeln. Zugleich herrschte aber auch die Meinung vor, daß diese Belohnungen — zumindest in den ersten Lebensphasen — unmittelbar auf die grundlegenden physiologischen Triebbedürfnisse wie Durst oder Hunger bezogen sein müßten. Der Säugling würde also — anders ausgedrückt — nur lernen, wenn er dafür Nahrung oder irgendeine andere körperliche Annehmlichkeit erhält — sonst nicht.

Heute wissen wir jedoch, daß dies nicht der Fall ist. Säuglinge erlernen Verhaltensweisen, die eine Veränderung ihrer Umwelt bewirken, ohne Belohnung, allein durch den Erfolg ihrer Handlung. Eine Reihe von Untersuchungen von HANUS PAPOUŠEK (1969) mögen beispielhaft für alle jene Arbeiten stehen, in denen dies klar nachgewiesen wurde.

PAPOUŠEK belohnte die Säuglinge zunächst in der üblichen Weise mit Milch, um ihnen verschiedene einfache Bewegungen beizubringen — wie zum Beispiel den Kopf auf die eine oder die andere Seite zu drehen. Dabei fiel ihm auf, daß Säuglinge, die genug getrunken hatten, die Milch zwar ablehnten, die gelernte Reaktion jedoch mit deutlich erkennbaren Zeichen von Vergnügen weiterhin ausführten. Er begann daher, das Verhalten der Säuglinge in Situationen, in denen keine Milch verabreicht wurde, zu untersuchen. Binnen kurzem stellte sich heraus, daß bereits vier Monate alte Kinder lernten, ihren Kopf bereits nach rechts oder nach links zu drehen, wenn dadurch eine Reihe von Lichtern «eingeschaltet» wurde; sie waren sogar fähig, komplexe Folgen von Kopfdrehungen zu erlernen, um das Aufleuchten der Lichter zu erreichen. So lernten sie zum Beispiel, den Kopf abwechselnd einmal nach rechts und einmal nach links zu wenden oder abwechselnd zwei Kopfdrehungen hintereinander zu machen (zwei rechts, zwei links) oder gar bis zu drei aufeinanderfolgende Wendungen auf ein und dieselbe Seite zu vollführen.

Die Lichter waren in dieser Versuchsanordnung direkt vor den Kindern angebracht; PAPOUŠEK machte im Verlauf der Untersuchung die interessante Beobachtung, daß die Kinder den Kopf in manchen Fällen gar nicht nach vorne zurückdrehten, um die Lichter genauer sehen zu können, andererseits aber «lachten und glucksten», wenn sie aufleuchteten. PAPOUŠEK zog daraus den Schluß, daß sich die Kinder nicht so sehr über den Anblick der Lichter freuten als über ihren Erfolg bei der Lösung der Aufgabe, beim Erlernen der neuen Fertigkeit. Treffen PAPOUŠEKS Überlegungen zu, — was durch umfangreiches Beweismaterial aus anderen Quellen bestätigt wird — so wäre daraus zu schließen, daß es ein Grundbedürfnis des Menschen gibt, die Welt zu begreifen und aktiv beherrschen zu lernen.

PAPOUŠEK vertritt überdies die Ansicht, daß die Säuglinge in ihrem Bemühen, Kontrolle zu erlangen, die Informationen, die sie aus ihrer Umwelt erhalten, gewissermaßen mit einem inneren Konzept vergleichen. Dies würde aber zugleich bedeuten, daß sie bereits begonnen hätten, ein «Modell» von einzelnen Teilen der Welt zu entwickeln — eine Vorstellung davon, wie diese beschaffen sei. Sie erlebten es sodann als befriedigend, wenn zwischen dem Modell und der wirklichen Welt Übereinstimmung bestand, als unbefriedigend hingegen, wenn diese Übereinstimmung nicht gegeben war — wenn also die erwarteten Ereignisse ausblieben, wenn die Lichter nicht aufleuchteten. PAPOUŠEK berichtet, daß in diesem Fall «zunehmende Spannung sowie schließlich Verwirrtheit und Zeichen von Ärger» zu beobachten sind.

Selbst bei den allereinfachsten Anpassungsprozessen führt das Scheitern von Vorhersagen zu Gefühlen der Unzufriedenheit. Wenn eine Spezies aufhört, sich auf den Instinkt zu verlassen und sich stattdessen auf die Entwicklung von Vorstellungsbildern und daraus abgeleitete Vorhersagen stützt, wird es für sie zur entscheidenden Voraussetzung des Überlebens, daß ihre Vorhersagen zutreffend sind. Demnach ist es naheliegend anzunehmen, daß Diskrepanzen zwischen unserer Vorstellung der Welt und ihrer tatsächlichen Beschaffenheit in uns den Wunsch erwecken, diese besser verstehen zu lernen. In vielen verschiedenen Theorien zur Entwicklung des Denkens wird darauf hingewiesen, daß uns derartige kognitive Konflikte unerträglich sind und wir uns deshalb stets darum bemühen, sie zu beseitigen. Im weiteren Verlauf unseres Lebens können sich auch Konflikte zwischen den verschiedenen Einzelteilen unseres Modells der Welt ergeben. Wenn wir erkennen müssen, daß wir gleichzeitig zwei unvereinbare Überzeugungen vertreten, erleben wir dies als beunruhigend — und zwar zu Recht. Denn es ist eine unumstößliche Forderung, daß zwischen den einzelnen Teilen eines Systems Übereinstimmung herrschen muß.

Diese Argumentation führt nun offensichtlich zu den Ausführungen des vorhergehenden Kapitels zurück, in dem der erzieherische Wert des Bewußtwerdens eigener Fehler erörtert wurde. Diesen Überlegungen seien hier noch zwei weitere hinzugefügt: Zum einen sind wir nicht nur bemüht, solche kognitiven Konflikte zu lösen, die von außen an uns herangetragen werden; wir suchen sie vielmehr in manchen Fällen bewußt auf, als bereite uns die Auseinandersetzung mit Dingen, die wir nicht verstehen und die uns geistig fordern, Freude. Zum anderen kann es jedoch auch geschehen, daß wir vor der Konfrontation mit Widersprüchlichkeiten und dem Erlebnis eigener Fehler Angst entwickeln; dann versuchen wir derartige Erfahrungen etwa dadurch abzuwehren, daß wir die entsprechenden Situationen, in denen sie auftreten können, meiden. Wir ziehen uns also zurück.

Diese beiden Arten der Reaktion stehen in scharfem Gegensatz zueinander; der grundlegende Unterschied zwischen ihnen ist von größter pädagogischer Relevanz. Die Erziehung sollte das Ziel verfolgen, im Kind die Bereitschaft zu fördern, sich Widersprüchlichkeiten zu stellen beziehungsweise diese — aus Freude an der Herausforderung — sogar zu suchen. Zugleich sollte sie zu verhindern trachten, daß es zu Abwehrhaltungen oder zu innerem Rückzug kommt. In Wirklichkeit scheint die schulische Erziehung jedoch in vielen Fällen genau das Gegenteil herbeizuführen. Damit wir die

Ursachen aufdecken können, müssen wir uns zunächst einem anderen Problem zuwenden: der Entwicklung des Selbstbildes.

Der Mensch ist ein Wesen, das Fragen stellt und das Werturteile vornimmt, indem es einzelne Dinge als gut und wichtig, andere hingegen als schlecht und wertlos einstuft; er ist aber auch ein Wesen, das Modelle der Welt für sich erstellt. Im Lauf der Zeit schließen diese Modelle dann auch ein Bild seiner selbst als einen Teil dieser Welt mit ein. Ist es da nicht unvermeidlich, daß sich der Mensch früher oder später fragt, welcher Wert ihm selbst nun zukommt? Und unzweifelhaft ist es für ihn von größter Bedeutung, wie die Antwort auf diese Frage ausfällt.

Wie soll das Kind nun zu einer Antwort auf diese Frage kommen, wenn es sie sich zum ersten Male stellt? Eine naheliegende Möglichkeit besteht darin, herauszufinden, welchen Wert es in den Augen anderer besitzt. Mit zunehmender persönlicher Reife, wenn das Kind vielleicht ein eigenes, unabhängigeres Wertsystem entwickelt hat, verlieren die Urteile anderer unter Umständen an Bedeutung. Solange es jedoch noch klein ist, haben diese Urteile zwangsläufig sehr großen Einfluß auf sein Selbstwertgefühl.

In meiner bisherigen Argumentation versuchte ich zu zeigen, daß im Menschen ein grundlegendes Bedürfnis angelegt ist, erfolgreich, fähig und unabhängig zu sein — sowie die Welt zu verstehen und sich in ihr in angemessener Weise verhalten zu können. Dies erinnert mich an ein achtzehn Monate altes Mädchen, das in seiner Sprachentwicklung etwas voraus war und das immer, wenn ihm jemand helfen wollte, mit großer Bestimmtheit sagte: «Kann allein.» Zu diesem elementaren Wunsch, «sich selbst zu helfen», kommt noch die hohe soziale Erwünschtheit bzw. Anerkennung bestimmter Fähigkeiten innerhalb unseres Kulturkreises. Man könnte jedoch mit Recht behaupten, daß jene oben genannten Fähigkeiten zur kompetenten Umweltbewältigung gerade *nicht* gefördert werden, daß wir unsere Kinder *zu* lange in zu großer Abhängigkeit halten und daß wir ihnen keine Gelegenheit geben, ihre beträchtliche Voraussetzung zur Eigeninitiative und zu kompetentem Handeln auszubilden. In einer vielschichtigen städtischen Gesellschaft mit ihrem hohen Entwicklungsstand ist dies vermutlich kaum vermeidbar. Doch zumindest innerhalb des Erziehungs- und Bildungssystems genießen die Fähigkeiten zu einem von konkreten Inhalten abgelösten, formalisierten Denken zweifellos größte Wertschätzung. Ein Kind, das in der Schule diese neuen Aufgaben zu bewältigen vermag, gewinnt die Anerkennung seiner Lehrer; und nur zu oft geschieht es, daß Kindern, die zunächst versagen, diese Anerkennung nicht zuteil wird. Im einen wie im anderen Fall erkennt das Kind sehr rasch, wie es beurteilt wird. MARION BLANK (1973) weist in diesem Zusammenhang darauf hin, daß viele Kinder noch vor ihrem Schuleintritt bereits eine feste Vorstellung von ihrer eigenen kognitiven Leistungsfähigkeit entwickelt haben. So berichtet sie von Kindergartenkindern, die mit einer Denkaufgabe konfrontiert wurden, Bemerkungen wie die folgenden: «Ich bin dumm»; «Ich kann nicht»; «Ich bin blöd»; «Ich kann nichts richtig machen».

Es steht außer Zweifel, daß wir Aufgaben, die uns unlösbar erscheinen, in der Regel aufgeben und in Zukunft zu vermeiden suchen. BRUNER (1966/74) unterscheidet scharf zwischen den beiden Möglichkeiten, sich einem Problem zu stellen oder es abzuwehren. Er vergleicht sie mit dem Tennisspiel auf der einen Seite und einem wilden Sichzurwehrsetzen, um dem Tennisplatz gänzlich fernzubleiben, auf der anderen Seite. Freilich unterscheiden sich die einzelnen Menschen hinsichtlich ihrer Hartnäckigkeit und Ausdauer angesichts andauernder Fehlschläge. Von ROBERT I. BRUCE wird berichtet, er hätte einer Spinne bei ihren zähen Bemühungen zugesehen und daraufhin beschlossen, es von neuem zu versuchen. Doch hat eine Spinne vermutlich kein Selbstbild, das sie belasten könnte und ROBERT BRUCE war ein erwachsener Mann, der zweifellos ein gefestigtes und nur schwer zu erschütterndes Selbstbild besaß.

SZASZ (1974) bemerkt zu diesem Thema folgendes:

Personen, die ständig dazu neigen, andere zu etikettieren, wirken wie pathogene Mikroorganismen; sie fallen über ihre Opfer her, setzen sich in ihnen wie Parasiten fest und vernichten sie häufig; in jedem Fall sind es Menschen mit geringer Widerstandskraft, die ihrem Angriff am stärksten ausgesetzt sind. Demzufolge ziehen sich Menschen, deren immunologische Abwehr schwach ist, am ehesten infektiöse Erkrankungen zu, während jene, deren soziale Abwehrfähigkeit gering ist — also alte und junge, arme und kranke Menschen —, am stärksten von gehässiger Kritik ihrer Person betroffen sind.

Wird ein Kind als Versager abgestempelt, so versagt es höchstwahrscheinlich wirklich — zumindest in den Bereichen, die von seinen Kritikern hoch bewertet werden; später aber wehrt es sich möglicherweise heftigst gegen alle jene, denen es diese Etikettierung verdankt.

Wir wissen nun zumindest eines: wovor wir uns hüten müssen. Wichtig ist jedoch, daß wir es fertigbringen, derartige Etikettierungen in unserem Verhalten nicht nur oberflächlich zu vermeiden. Sollten wir es mit der Achtung und Wertschätzung der Kinder nämlich nicht ehrlich meinen, so ist zu befürchten, daß sie dies bald erkennen.

Wie wichtig es auch ist, Kinder nicht durch Kritik zu beeinflussen, so reicht dies doch nicht aus; es muß noch mehr getan werden. Denn auch kleine Kinder richten sich in ihrem Selbstwertgefühl nicht ausschließlich nach ihrer Bewertung durch andere. In vielen Fällen ist es für das Kind selbst klar ersichtlich, wie seine Leistung einzuschätzen ist.

PAQUITA MCMICHAEL (1977) gelangte in einer interessanten Untersuchung über das Verhältnis zwischen den ersten Leseleistungen des Kindes und seinem Selbstbild zu dem Schluß, daß die Selbsteinschätzung der Kinder bezüglich ihrer Fähigkeiten weitgehend den objektiven Verhältnissen entspricht: «Wenn sie sagten, sie könnten gewisse Dinge nicht so gut wie andere Kinder, entsprach diese Aussage der Realität.»

Ein bedeutender Teil der Aufgabe des Lehrers — beziehungsweise der Eltern, wenn sie Lehrfunktionen übernehmen — besteht somit darin, das Kind an Aufgaben heranzuführen, die es tatsächlich und für sich selbst erkennbar lösen kann; dies allerdings, ohne es mit Anstrengungen und Schwierigkeiten zu verschonen, ohne ihm die Notwendigkeit der Überwindung von Fehlern sowie der Suche nach kreativen Lösungen zu ersparen.

Dies verlangt von Eltern, Vorschulerziehern und Lehrern auch, daß sie sich nachdrücklich und einfühlend darum bemühen, die Fähigkeiten des Kindes, das Ausmaß seines Selbstvertrauens und seiner Kraft richtig zu erfassen und auf mögliche Fehler in einer Art und Weise einzugehen, die ihm weiterhilft.

Die meisten Vorschulerzieher und Lehrer werden diese Forderungen sicherlich akzeptieren; jedoch ist es keineswegs einfach, sie in die Praxis umzusetzen, zumal es keine allgemein gültigen Verhaltensregeln gibt. MARION BLANK (1973) bietet eine aufschlußreiche Darstellung von Unterrichtseinheiten für den Primärbereich, in denen es genau um die vorhin genannten Ziele geht. Sie vertritt die

Ansicht, daß es von wesentlicher Bedeutung sei, Fehler zuzulassen; die Wirksamkeit des Unterrichts hänge dabei davon ab, wie der Lehrer auf diese Fehler reagiert. Trotz zahlreicher praktischer Hinweise für die Unterrichtsarbeit ist es, wie BLANK selbst zugibt, gegenwärtig noch nicht möglich, aus ihnen Regeln für die Anwendung ihrer Technik zu formulieren — dies ist und bleibt eine Kunst. Zudem kommt es offensichtlich stark auf die Persönlichkeit des einzelnen Kindes an. Ein passives, zurückgezogenes Kind kann nicht in der gleichen Weise behandelt werden wie ein hyperaktives, impulsives Kind. Hat ein Kind hingegen allzu große Schwierigkeiten, so muß man zunächst alles Augenmerk darauf richten, ihm möglichst rasch darüber hinwegzuhelfen.

Nun ist jedoch zu beachten, daß BLANKS Techniken für Lernsituationen entwickelt wurden, in denen sich der Lehrer nur mit einem Kind befaßt. BLANK ist sich der Problematik ihrer Übertragung auf eine Gruppensituation voll und ganz bewußt. Dennoch sind die Unterrichtsentscheidungen, mit der sie sich beschäftigt, von so grundlegender Bedeutung, daß ein größeres Bewußtsein hinsichtlich dieser Vorgänge zweifellos von Wert ist.

Die übliche Methode, Kinder dazu zu bringen, das zu lernen, was wir ihnen beibringen möchten, besteht darin, sie für ihre Leistungen mit Preisen, Privilegien und goldenen Sternchen zu belohnen. Ein solches Vorgehen birgt jedoch zwei schwerwiegende Gefahren in sich, die erste wird leicht offenbar, die zweite ist hingegen schwerer zu erkennen.

Die naheliegendere Gefahr betrifft jene Kinder, die zu keinen Sternchen kommen, denn dies drückt ihnen letztlich den Stempel des Versagers auf. Die zweite Gefahr hingegen droht allen Kindern gleichermaßen — den «Gewinnern» wie den «Verlierern». Zahlreiche Untersuchungsbefunde lassen darauf schließen, daß solche Tätigkeiten, für die eine extrinsische Belohnung — etwas, das mit der Tätigkeit als solcher nichts zu tun hat — gegeben wurde, mit geringer Wahrscheinlichkeit freiwillig fortgesetzt werden, wenn die Belohnung ausbleibt; darüberhinaus scheint diese Art der Belohnung die Freude an der betreffenden Tätigkeit selbst eher zu mindern.

Diese Auswirkungen wurden mittlerweile in einer Vielzahl von Untersuchungen an Menschen aller Altersstufen — von drei- bis vierjährigen Kindern bis zu Erwachsenen — eindeutig nachgewiesen.

M. R. Lepper und seine Kollegen (1973) führten eine Untersuchung in einem Kindergarten durch. Einem Teil der Kinder wurde Zeichenmaterial ausgeteilt und dazu gesagt, daß sie für das Zeichnen eine Belohnung erhielten — die sie später auch bekamen. Den anderen Kindern wurde ebenfalls Zeichenmaterial ausgeteilt, doch gab es in ihrem Fall weder eine Belohnung, noch wurde diese Möglichkeit erwähnt. Einige Tage später hatten die Kinder wiederum Gelegenheit, die Zeichensachen zu benutzen — diesmal allerdings in einer Situation, in der ihnen gleichzeitig eine Vielzahl anderer Spielsachen zur Verfügung stand. Es ging hier um die Antwort auf die Frage, ob sich die beiden Gruppen hinsichtlich der Zeit, die sie mit dem Zeichnen verbrachten, unterscheiden würden. Die Erwartung hätte nun nahegelegen, daß Kinder, die zuvor belohnt wurden, eher zu der eingangs «verstärkten» Beschäftigung zurückkehren würden. Doch genau das Gegenteil geschah. Gerade jene Kinder, die Belohnungen erhalten hatten, verbrachten weniger Zeit mit Zeichnen.

Ein ähnliches Bild ergibt sich, wenn als Kriterium nicht die Zeit, die freiwillig mit einer Tätigkeit verbracht wurde, sondern die Angaben der Kinder hinsichtlich der damit verbundenen Freude herangezogen werden. Es zeigt sich, daß extrinsische materielle Belohnungen in der Regel das Vergnügen verringern. Kinder (und auch Erwachsene), die für eine bestimmte Tätigkeit belohnt wurden, haben im allgemeinen weniger Spaß an dieser Tätigkeit als Kinder, die dafür keine Belohnung erhielten. Darüberhinaus deuten einzelne Ergebnisse darauf hin, daß durch materielle Belohnung die Qualität der betreffenden Leistungen sinkt.

Diese Ergebnisse geben unmittelbar Anstoß zu einer weiteren Frage: Ist es nicht letztlich auch eine Belohnung, dem Kind zu sagen, daß es etwas richtig macht, und ist damit vielleicht dasselbe Risiko verbunden wie mit materieller Belohnung? Denn schließlich ist verbale Anerkennung in gewissem Sinne auch eine Belohnung, die überdies — ebenso wie jeder materielle Preis — bezüglich der Tätigkeit selbst extrinsischer Natur ist — eine Art zusätzliches Anhängsel.

Die hierzu vorliegenden Ergebnisse lassen darauf schließen, daß verbale Anerkennung nicht die gleichen Folgen hat wie materielle Belohnung. R. Anderson, S. T. Manoogian und J. S. Reznick (1976) führten eine Untersuchung durch, die der von Lepper und seinen Kollegen sehr ähnlich war; in ihrem Fall gab es jedoch zwei weitere Versuchsbedingungen. Unter einer dieser Bedingungen wurden die Kinder für ihre Zeichnungen gelobt. Die Ergebnisse aus LEPPERS Untersuchung konnten bestätigt werden: Materielle Belohnung führte dazu, daß später mit der betreffenden Tätigkeit weniger Zeit verbracht wurde. Verbale Anerkennung zeigte jedoch die entgegengesetzte Wirkung. Und das ist gut so. Denn wäre es anders, stünden Lehrer vor einem unerfreulichen Dilemma. Denn das Kind muß erfahren, ob es die gestellte Aufgabe richtig gelöst hat. In vielen Fällen verfügen die Kinder, wie wir feststellen konnten, selbst über eine ziemlich genaue Vorstellung davon, wie ihre Bemühungen zu beurteilen sind — das kann ihnen durch bestimmte Aufgaben wesentlich erleichtert werden. Die Kinder, die Holzklötze auf einem schmalen Balken ins Gleichgewicht bringen sollten (siehe Seite 119), sahen selbst, ob diese liegen blieben oder nicht. Sie konnten also Theorien entwickeln und diese anschließend prüfen und verbessern, ohne dazu irgendwelche externen Belohnungen zu benötigen. Dies ist ein Teil der Begründung für die Bedeutung des Lernens durch Erfahrung. Es ist jedoch nicht für alle Lernbereiche in gleichem Maße möglich, Situationen zu schaffen, in denen das Kind das Ergebnis seiner Bemühungen selbst erkennen kann. In vielen Fällen muß es ihm gesagt werden. So erfährt das Kind beispielsweise: «Ja, das ist gut so» oder: «Nein, das ist nicht richtig. Versuch's nochmal.»

Wird dem Kind jedoch unabhängig davon, ob dies nun zutrifft oder nicht, immer nur «Ja, das ist gut» gesagt, so verliert diese Aussage ihren Informationswert. Dem Kind echte Information zu bieten und es dabei gleichzeitig zu ermutigen, ist eine schwierige Kunst.

Derartige Kommentare vermitteln freilich mehr als nur objektives Wissen um Ergebnisse. Sie sind zweifellos nicht neutral. Um jedoch den Unterschied zwischen Worten der Anerkennung und goldenen Sternchen zu verstehen, ist es vielleicht wichtig, zwischen Belohnung und Anerkennung zu differenzieren und uns einzugestehen, wie groß unser Bedürfnis ist, unsere Leistungen der Umwelt mitzuteilen und sie durch diese bestätigt zu erhalten.

So kommt in den Briefen von GERALD MANLEY HOPKINS, insbesondere in den an ROBERT BRIDGES gerichteten, deutlich zum Ausdruck, wie sehr HOPKINS darunter litt, seine Gedichte nicht zu seinen Lebzeiten veröffentlichen zu können, da ihm dies mit seiner Stellung als Jesuit nicht vereinbar erschien. HOPKINS schreibt: «Es gibt für mich immer einen bestimmten Zeitpunkt, wo ich in kleinen wie in großen Dingen unbedingt Ermutigung brauche, so wie die Saat den Regen braucht;» und tapfer fährt er fort: «später bin ich dann davon unabhängig.» Viele erreichen diese Unabhängigkeit jedoch niemals. Kleinen Kindern steht sie jedenfalls ganz gewiß nicht zur Verfügung.

In diesem Zusammenhang ist die vierte und letzte Bedingung der Untersuchung von ANDERSON, MANOOGIAN und REZNICK (siehe Seite 130) von Bedeutung. Unter dieser Bedingung erklärte der Versuchsleiter zunächst, es interessiere ihn, zu sehen, «wie Jungen und Mädchen zeichneten»; dann aber weigerte er sich, diesem Interesse in irgendeiner Weise Ausdruck zu verleihen. Die Kinder zeigten ihm ihre Zeichnungen in der Hoffnung, bei ihm «Bestätigung und Anerkennung zu finden». Sie hatten damit jedoch kein Glück. Der Versuchsleiter reagierte nicht auf derartige Kontaktbemühungen; er wandte sich ganz einfach ab und sagte: «Ich habe zu tun.» Es ist keineswegs überraschend, daß bei den Kindern, die diese Behandlung erfahren hatten, der größte Abfall bezüglich der Zeit festzustellen war, die später noch mit Zeichnen verbracht wurde.

Dies läßt nach wie vor die Frage unbeantwortet, weshalb extrinsische materielle Belohnungen in der Regel negative Auswirkungen haben. Die Erklärung, die am ehesten angemessen erscheint ist die, daß wir eine Tätigkeit dann mit Freude und Engagement ausführen, wenn wir sie *freiwillig gewählt haben*. Wir lassen ungern andere über uns bestimmen, sondern wollen selbst über unsere Tätigkeit entscheiden. In dem Maße, in dem Belohnungen unser Verhalten kontrollieren verringern diese unser Interesse und Vergnügen daran. Solange die Belohnung vergeben wird, strengen wir uns zwar an, um diese zu erlangen, doch ist die Wahrscheinlichkeit geringer, daß wir die betreffende Tätigkeit auch dann noch weiterführen, wenn keine Belohnung mehr zu erwarten ist.

Ein eindrucksvolles Beispiel hierfür liefert die folgende Geschichte, die E. L. DECI (1975) in seinem Buch *Intrinsische Motivation*[1] berichtet:

In einer kleinen Stadt in den Südstaaten, in der der Ku-Klux-Klan wieder einmal aktiv war, besaß ein jüdischer Schneider die Verwegenheit, in der

---

[1] Englischer Titel: *Intrinsic Motivation*

Hauptstraße eine kleine Werkstatt aufzumachen. Um ihn aus der Stadt zu vertreiben, hetzte der Anführer des Klans eine Bande kleiner Nichtsnutze dazu auf, dem Schneider das Leben schwerzumachen. Tag um Tag standen sie vor seinem Geschäft und schrien lauthals: «Jude! Jude!» Für den Schneider sah die Sache böse aus. Er nahm sich das Ganze so zu Herzen, daß er vor lauter Grübeln schlaflose Nächte verbrachte. In seiner Verzweiflung entwickelte er schließlich einen Plan.

Als die kleinen Strolche am nächsten Tag wieder kamen, um ihn zu verhöhnen, trat er vor die Tür und sagte: «Von heute an bekommt jeder von euch, der «Jude» schreit, zehn Cent von mir.» Darauf griff er in seine Tasche und gab jedem Knaben ein Zehncentstück.

Über ihre Beute hocherfreut, kamen die Knaben am nächsten Tag wieder zu ihm, um «Jude! Jude!» zu rufen. Der Schneider trat lächelnd aus seinem Laden. Er griff in seine Hosentasche und gab jedem der Knaben ein Fünfcentstück mit den Worten: «Zehn Cent sind zu viel — ich hab' heute nur fünf.» Die Knaben verließen ihn wiederum zufrieden, denn fünf Cent waren immerhin auch etwas.

Als sie ihn jedoch am nächsten Tag wieder verhöhnen kamen, gab der Schneider jedem nur einen einzigen Cent.

«Weshalb bekommen wir heute nur einen Cent?» riefen sie laut.

«Mehr kann ich mir nicht leisten.»

«Aber vor zwei Tagen haben wir noch zehn Cent bekommen und gestern waren es fünf. Das ist doch unfair!»

«Macht, was ihr wollt. Mehr bekommt ihr von mir jedenfalls nicht!»

«Glauben Sie denn, daß wir Sie für einen lumpigen Cent noch weiter «Jude» rufen werden?»

«Dann laßt es eben bleiben!»

Und das taten sie denn auch.

Aus all dem ergibt sich nun ein grundlegendes Dilemma für alle jene, die Kinder zu unterrichten haben. Auf der einen Seite lassen sich zwingende Gründe für die Notwendigkeit von Lenkung und Kontrolle anführen. Kleine Kinder können nicht selbst entscheiden, was sie lernen sollen — dazu wissen sie ganz einfach noch zu wenig. Außerdem brauchen sie unsere Hilfe, um den Prozeß des Lernens im einzelnen durchzuhalten. WHITEHEAD (1932) drückt diese Überlegung in sehr lebendiger Weise aus, wenn er schreibt: «Denn schließlich tritt das Kind das Erbe einer jahrtausendealten Zivilisation an; und es wäre absurd, zuzulassen, daß es sich in dem geistigen Irrgarten der Eiszeitmenschen verliert.»

Auf der anderen Seite sollten wir die Kinder nicht vergessen, die gelernt hatten, für Geld «Jude» zu schreien, und die sich — als die Bezahlung ausblieb — weigerten, dies auch weiterhin zu tun. Zudem ist eindeutig erwiesen, daß die negativen Auswirkungen nur noch größer werden, wenn man versucht, die Kontrolle auf dem Wege der Bestrafung anstelle der Belohnung auszuüben. Wenn die Schüler aber, sobald sie die Schule verlassen, all dem, was dort gelehrt wurde, den Rücken kehren, so war der Unterricht gewiß vergeblich.

Jene, die diese letztere Gefahr für besonders bedrohlich halten, bezeichnen sich selbst häufig als «progressiv» und treten generell für «Freiheit» ein. Diejenigen hingegen, die vor allem das Risiko fürchten, die Kinder im geistigen Irrgarten vorgeschichtlicher Zeiten sich selbst zu überlassen —,vertreten in der Regel die Forderung nach «formaler Bildung» und nach «Disziplin».

Für mich gibt es nur einen Ausweg aus diesem Dilemma: Kontrolle, wo diese nötig ist, stets mit leichter Hand auszuüben und sie niemals zum Selbstzweck werden zu lassen. Denn schließlich kann Kontrolle mehr oder weniger scharf und einschränkend sein — sie muß nicht im Vordergrund stehen. Viel hängt auch davon ab, worin der Lehrer den Zweck der Kontrolle sieht. Wenn es in seiner Absicht liegt, diese letztlich überflüssig zu machen, wenn es ihm darum geht, die Kinder zu fähigen, selbständigen und verantwortungsbewußten Menschen zu erziehen und er ihnen diese Eigenschaften auch tatsächlich zutraut, dann ist die Gefahr einer vollkommenen Ablehnung des Lernens meiner Ansicht nach nicht mehr so groß.

Und dies führt wiederum zurück zu der Frage, ob der Lehrer die Kinder wirklich respektiert und ihnen dies auch zeigt. Ist diese Bedingung erfüllt, so wird die Lenkung durch den Lehrer im Rahmen des strukturierten Umfeldes der Schule sicherlich nicht als der Tätigkeit eines Gefängniswärters ebenbürtig angesehen.

11. Der Geist der Zukunft

Zum Abschluß seien hier nochmals die entscheidenden Erkenntnisse zusammengefaßt: Zum Zeitpunkt ihres Schuleintritts verfügen Kinder in der Regel bereits über beachtliche Fähigkeiten im Denken und Sprechen — vorausgesetzt, sie haben es mit bedeutungsvollen Situationen des «wirklichen Lebens» zu tun, in denen sie selbst Ziele und Absichten verfolgen sowie bei anderen ähnliche Ziele und Absichten erkennen und auf diese reagieren können. (In manchen Fällen — beispielsweise, wenn ihnen Geschichten vorgelesen werden — ist es ausreichend, die Ziele und Absichten anderer zu verstehen.) Diese allgemein menschlichen Bestrebungen bilden das Grundgefüge in das das Denken des Kindes eingebettet ist. Sie stützen und lenken sein Denken und Sprechen, so wie auch das Denken und Sprechen Erwachsener — sogar gebildeter Erwachsener — weitgehend davon getragen und bestimmt wird.

Solange sich das Denken und Sprechen des Kindes in dieser Weise ausschließlich im Bereich des Allgemeinverständlichen bewegt, bleiben diese Vorgänge weitgehend unbewußt. Das Kind ist sich der Außenwelt, mit der es sich befaßt, und seiner Ziele in dieser Welt bewußt. Folglich muß es sich auch seiner selbst als eines handelnden Wesens, das diese Welt zu bewältigen sucht, bewußt sein. Bewußtheit bezüglich der von ihm in der Auseinandersetzung mit dieser Welt eingesetzten Mittel besitzt das Kind jedoch nur in sehr begrenztem Maß — es reflektiert noch nicht über sie, bildet noch keine Abstraktionen von konkreten Situationen. Das Kind bedient sich seiner Fähigkeiten, um seine unmittelbaren Ziele zu verwirklichen. Aber es denkt nicht über ihre Verwendung nach, und kann sie daher nicht beliebig zum Einsatz bringen, wenn das unmittelbare Ziel nicht mehr besteht.

Für die Zwecke der schulischen Bildung, wie sie sich in unserer Kultur entwickelt hat, wird vom Kind jedoch gerade diese Fähigkeit verlangt: es sollte seine geistigen Kapazitäten *willkürlich* zur Bewältigung von Aufgaben heranziehen können, die sich nicht spontan aus altvertrauten Beziehungsstrukturen ergeben, sondern «gestellt» werden — Aufgaben, die unvermittelt und zusammenhanglos und zudem von einem Menschen vorgegeben werden, dessen Ziele und Absichten dem Kind, zumindest anfangs, völlig unbekannt sind.

Das Gefühl, daß derartige Anforderungen «unnatürlich» seien — was sie in einem gewissen Sinn ja tatsächlich sind — veranlaßte viele besorgte Pädagogen, jegliche Art von Anforderungen möglichst gering zu halten. Ihrer Ansicht nach sollten die Kinder stattdessen *Gelegenheit* zu selbständigen Lernerfahrungen erhalten — sie sollten ermutigt werden, ihre eigenen Fragen zu stellen, sollten sich, mit Unterstützung des Lehrers, jenes Wissen erarbeiten, da sie wirklich interessierte, sich frei und ungehemmt ausdrücken dürfen und durch keinerlei Zwänge eingeengt sein.

Hinter derartigen Überlegungen steht häufig, explizit oder implizit, ein Bild des Kindes — wie es bei FRÖBEL zu finden ist — als eines heranwachsenden Pflänzchens, das Gefahr läuft, in dem Dunkel und dem schlechten, steinigen Boden der traditionellen Schule zu verkümmern oder unter der harten Hand des Lehrers zu verkrüppeln.

Diese Gefahr besteht tatsächlich. Doch Kinder sind nicht wie Pflanzen, für die es nur einen «natürlichen» Entwicklungsweg gibt. Sie sind Wesen, die vielfältige Entwicklungsmöglichkeiten und zudem das Potential besitzen, über diese Entwicklung schließlich selbst zu bestimmen. Sie können mit ihren geistigen Fähigkeiten bewußt umgehen und selbst entscheiden für welche Ziele sie diese einsetzen wollen. Dies ist ihnen allerdings nicht ohne Hilfe möglich — zumindest aber wäre es für sie ein langer und sehr mühevoller Weg, auf dem die meisten wohl nicht weit kämen.

C. G. JUNG (1954) stand auf dem Kriegsfuß mit sogenannten «Intellektuellen». So schreibt er über einen seiner Patienten, der sich in einer Art und Weise verhalten hatte, die JUNG aufs äußerste mißbilligte: «Aber dieser Patient war kein eigentlicher Verbrecher, sondern nur ein sogenannter Intellektueller, der so fest von der Macht und Würde des Verstandes überzeugt war, daß er sogar annahm, man könne ein begangenes Unrecht wegdenken.» Diese Erkenntnis der Gefahren einer einseitigen Entwicklung des Intellekts machte JUNG jedoch nicht blind gegenüber dessen «Macht und Würde». Auch war er sich der Bedeutung der Schule und deren wichtigsten Aufgabe deutlich bewußt: «Die Schule», so schreibt JUNG, «ist nichts anderes als ein Mittel, den Vorgang der Bewußtseinsbildung auf zweckmäßige Weise zu unterstützen.» Und Bewußtseinsbildung ist in diesem Alter das «was sie [die Kinder] mehr als alles andere brauchen».

Mit dieser Aussage kommt JUNG unvermutet VYGOTSKY nahe, der, wie wir gesehen haben, die Ausbildung von Bewußtheit und

Kontrolle des Verhaltens für die wichtigen Entwicklungsaufgaben des Schulalters hält.

Der springende Punkt ist, daß die Entwicklung des Bewußtseins und die Entwicklung des Intellekts sehr eng miteinander verwoben sind. Zwar sind sie nicht bedeutungsgleich, da die Entwicklung des Bewußtseins wesentlich weitreichendere Implikationen hat, doch ist ihre Beziehung zur Entwicklung des Intellekts dennoch eine enge und tiefgreifende. Um seine geistigen Fähigkeiten entwickeln zu können, muß das Kind bis zu einem gewissen Grad Kontrolle über sein Denken erlangen; dies ist ihm jedoch nicht möglich, solange es sich seines Denkens nicht bewußt ist. Diese Kontrolle zu erlangen, bedeutet, das Denken aus der ursprünglichen, unbewußten Einbettung in die unmittelbaren Notwendigkeiten des Lebens in dieser Welt und aus der Interaktion mit anderen herauszureißen; es setzt voraus, daß das Kind lernt, sich über die Grenzen von Alltagszusammenhängen hinauszubewegen. Von diesem Schritt hängt die Entwicklung aller höheren geistigen Funktionen ab.

Der Prozeß, durch den das Kind diese Grenzen alltäglicher Beziehungsstrukturen überschreitet, ist insofern als unnatürlich zu bezeichnen, als er sich nicht quasi von selbst ergibt. Daß dieser Schritt überhaupt besteht, ist langen Jahren kultureller Entwicklung zu verdanken. Das einzelne Kind kann diese Möglichkeit in seinem Leben nur realisieren, wenn alle in einer Kultur verfügbaren Hilfsmittel in unverminderter Anstrengung auf dieses Ziel hin ausgerichtet sind.

Von einem anderen Gesichtspunkt aus betrachtet, ist dieser Schritt jedoch keineswegs unnatürlich — bedeutet er nichts anderes als die Entwicklung einer latent vorhandenen Fähigkeit. Auch muß er sicherlich nicht mit jener repressiven Disziplin, blindwütigen Paukerei und abstumpfenden Belehrung verbunden sein, die bisher dazu führte, daß so viele empfindsame Menschen jegliche «formale Bildung» ablehnen.

WILLIAM BLAKE schrieb hierzu folgenden Vers:

Doch am Sommermorgen zur Schule gehen,
das macht gewiß keinen Spaß;
unter strengen Augen, die alles erspähn,
sitzen die Kleinen im finstern Gelaß
und seufzen ohne Unterlaß

Es ist sogar *Voraussetzung* für die erfolgreiche Bewußtseinsbildung, daß die Schule keine derartigen Erfahrungen vermittelt, denn sonst verfehlt sie ihren Zweck.

Mit dieser Schlußfolgerung beendeten wir das vorhergehende Kapitel. Das erste Kapitel dagegen ging von der Feststellung aus, daß die Schulzeit — möge sie auch noch so positiv beginnen — gegenwärtig für viele Kinder zu einer äußerst unerfreulichen Erfahrung führen kann und daß diese Situation unbedingt geändert werden muß.

Die Schulerfahrung gestaltet sich für die Kinder zur Zeit vor allem dadurch so unerfreulich, daß sie ständig zu Tätigkeiten gezwungen werden, bei denen sie versagen. Wie heftig sie sich auch gegen dieses Wissen wehren mögen — die älteren Kinder sind sich genau darüber im klaren, daß sie als «dumm» abgeschrieben werden, sofern es ihnen nicht gelingt, die Anforderungen der Schule zu erfüllen. «Wir interessieren uns für das, was wir können», umreißt BRUNER mit einfachen Worten einen grundlegenden Sachverhalt. Viele unserer Kinder verlieren demgemäß ihr Interesse und auch ihren Mut.

Ein möglicher Ausweg aus dieser Situation scheint, wie bereits erwähnt, darin zu bestehen, daß auf jene Anforderungen, die für die Schwierigkeiten verantwortlich sind, verzichtet wird. In diesem Fall können sich die Kinder eine Zeitlang glücklich am Spiel erfreuen — und das Mißbehagen würde dann erst in den höheren Schulstufen aùfkommen. Denn dann sind die von der Gesellschaft mit Bezug auf Lesen, Schreiben und Rechnen sowie wissenschaftliches Verständnis und ähnliches gestellten Anforderungen nicht mehr zu ignorieren oder beiseite zu schieben.

Da diese Anforderungen tief verwurzelten gesellschaftlichen Wertvorstellungen entspringen, sind sie nur schwer zu ändern. Die praktische Verwertbarkeit geistiger Fähigkeiten ist nicht das einzige Argument für diese Werturteile, doch würde sie für sich genommen bereits zu ihrer Begründung reichen. Wir brauchen diese Fähigkeiten — ob uns dies nun gefällt oder nicht — und auf gesellschaftlicher Ebene sind wir uns dessen auch bewußt.

Die Frage ist also, ob wir es als unvermeidbar hinnehmen müssen, daß es jeweils nur einer kleinen Minderheit möglich sein soll, einen hohen geistigen Entwicklungsstand zu erreichen. Meiner Ansicht nach ist dies nicht notwendig. Vielmehr glaube ich, daß bislang das *Wesen* der doch erheblichen Schwierigkeit, die diese Fertigkeiten für das Denken des Menschen darstellen, nicht richtig erfaßt wurde. Seit langem ist bekannt, daß «abstraktes Denken» schwierig ist; was jedoch fehlte, war ein genügend klares — und verbreitetes — Verständnis dessen, was mit dem Überschreiten der Grenzen des Allgemeinverständlichen verbunden ist, was es heißt, «formal» zu denken, ohne die vertrauten — das Denken zugleich stützenden und behindernden — Verknüpfungen. Herrscht über diese Vorgänge aber Klarheit, so ist es meiner Ansicht nach durchaus möglich, — sofern wir uns bewußt darum bemühen — der Mehrzahl unserer Kinder Vertrautheit im Umgang mit einem von konkreten Inhalten abgelösten Denken zu ermöglichen. In diesem Buch habe ich versucht, hierzu einige praktische Hinweise zu geben. Freilich gilt es noch Genaueres darüber herauszufinden, *wie* dies nun am besten bewerkstelligt werden könnte. Es wäre ein großer Fehler anzunehmen, daß sich die praktische Umsetzung neu gewonnener Erkenntnisse von selbst ergäbe. Andererseits sehe ich keinen Anlaß, daran zu zweifeln, daß unser diesbezügliches Wissen — unter der Voraussetzung zielstrebiger Bemühungen und eines entsprechenden gesellschaftlichen Interesses — in einer Art und Weise praktisch verwertet werden *könnte*, die zu beträchtlichen Veränderungen führen würde.

Und dann? Führte uns dies zurück in den Garten Eden? Oder stünden wir vielmehr (da dieser Vergleich doch nicht ganz passend ist!) vor den Toren eines neuen Eden — einem Paradies für Intellektuelle gewissermaßen?

Dies ist die Vision gewisser Science-fiction-Romane, die uns kalte Schauer über den Rücken jagen soll — und das nicht ohne Grund.

Genau diese Vorstellung ist es auch, die C. S. LEWIS (1945) seinen Leser vermittelt und als hassenswert charakterisiert, wenn er einen seiner «Helden» mit folgenden Worten für die Förderung der «Sachlichkeit» eintreten läßt:

«Bevor ich weiterspreche», sagte Frost, «muss ich sie bitten, streng sachlich zu bleiben. Groll und Furcht — beides sind chemische Vorgänge. Unsere gegenseitigen Reaktionen sind chemische Erscheinungen. Soziale Beziehungen sind chemische Verhältnisse ... Jegliches Eingehen zwischenmenschlicher Beziehungen, zusammengehalten von Gefühlen gegenseitigen Vertrauens und Zuneigung, wäre völlig überflüssig. Im Grunde könnte man sie ebensogut durch Injektionen hervorrufen.»

Und später fährt er fort:

«Was bisher der geistige Kern der Menschheit war, wird im neuen Zeitalter zur Menschheit selber werden ... Das Individuum ist nur noch Kopf. Die Menschheit wird vollständig zur Technokratie.»

Es ist sicherlich kein Zufall, daß Lewis dieser Figur den Namen «Frost» gegeben hat. Den Verstand als «kalt» zu bezeichnen, ist zweifellos begründet, — er ist kalt im wörtlichen Sinne, da er losgelöst von jenen allgemeinverständlichen Zusammenhängen und warmblütigen Beziehungen arbeiten muß, die zwischen einer auf Alltagszusammenhänge gegründeten Denkweise und der Gefühlswelt bestehen. Dies bedeutet nun freilich nicht, daß ein Mensch gefühlskalt werden müsse, wenn er seine geistigen Fähigkeiten entwickelt. Nur eine sehr einseitige Entwicklung des Verstandes, die den Menschen dazu veranlaßt, daß er — wie Jung es ausdrückt — die Gefühlswerte ausschaltet, hätte diese Wirkung. Zudem würde sich die Gefahr der Einseitigkeit paradoxerweise vielleicht verringern, wenn wir größeres Geschick in der Förderung der geistigen Entwicklung erlangten. Denn gerade die seit langem bestehende Vorherrschaft des Intellekts ließ die Gefahr der Verzerrung — auf der individuellen wie der gesellschaftlichen Ebene — entstehen.

Die Tatsache, daß der Intellekt so unumschränkt regieren kann, ist, wie ich vermute, dem Zusammenwirken zweier Faktoren zuzuschreiben: erstens dem überaus großen praktischen Wert geistiger Fähigkeiten (wie von den Tagen an, als zum ersten Mal die Schrift zu Aufzeichnungen verwendet wurde, bis zu der Zeit, als britische Mathematiker im Zweiten Weltkrieg den deutschen Nachrichtenkode entschlüsselten, in unterschiedlichem Ausmaß immer wieder bewiesen wurde) und zweitens ihrer Seltenheit. Am praktischen Wert geistiger Fähigkeiten wird sich nichts ändern; aber was würde wohl geschehen, wenn sie weniger selten würden?

Das Ausmaß der gesellschaftlichen Veränderungen, die sich in diesem Fall ergeben könnten, sollte nicht unterschätzt werden. Es geht ja schließlich nicht nur darum, mehr Menschen die Rechtschreibung und das Einmaleins beizubringen — jene einfache, sichere Grundlage, die gegenwärtig so gefragt ist. Dieses Ziel würde zweifellos erreicht werden, doch wäre dies nur die geringste möglicher Veränderungen.

Daß eine Gesellschaft von einer machtvollen intellektuellen Elite beherrscht wird, die ein starkes Gefühl der Überlegenheit besitzt, ist keineswegs ein neues Phänomen. In Kapitel 7 wurde davon gesprochen, daß bereits um 2000 v. Chr., zur Zeit des Mittleren Reiches, in Ägypten eine derartige Situation gegeben war; damals wie heute galten die Lese-und Schreibfähigkeit und die damit verknüpften Fertigkeiten als Mittel für den sozialen Aufstieg; damals wie heute wurden parallel dazu die handwerklichen Tätigkeiten entsprechend abgewertet.

Was sich seither geändert hat, ist allein das Kriterium, das über Erfolg oder Versagen entscheidet, sowie die Tatsache, daß heutzutage jeder Arbeiter und Handwerker die Schule besucht hat und von daher, vielleicht in noch stärkerem Maße Gefühle des Versagens und der Unzufriedenheit empfindet als sein altägyptischer Kollege. Eine entscheidende Veränderung würde erst erzielt, wenn der Großteil der Kinder unsere Schulen mit einem ausgeprägten Erfolgsgefühl verlassen würde. Es ist klar, daß nicht alle «die Besten» sein können; wenn es uns aber gelänge, die Orientierung an Rangordnungen etwas abzubauen, so würden die Kinder vielleicht mit intakter Selbstachtung und dem Gefühl von Kompetenz aus unseren Schulen entlassen.

Und was würde dann, nach der Schule, aus ihnen werden? Was würden sie wohl aus ihrem Leben machen? Wie würden sie ihre Fähigkeiten nützen?

Aus dieser Frage ergibt sich folgende Überlegung: Falls tatsächlich die meisten Bürger einen höheren geistigen Entwicklungsstand erreichen sollten, müßten wir zumindest einige der Fähigkeiten und Funktionen, die im Alltag unentbehrlich sind, höher bewerten; denn unter diesen Bedingungen könnten wir unmöglich diese Aktivitäten allein Schulversagern überlassen.

Vielleicht ist sogar die Annehmlichkeit, Schulversager zur Verfügung zu haben, die Erklärung dafür, weshalb die Tatsache, daß unsere Schulen sie so zahlreich hervorbringen, so lange Zeit geduldet wurde — vielleicht ist sie der Grund für die, laut WHITEHEAD, «leichtfertige Untätigkeit», die in Bildungsfragen auch heute noch an den Tag gelegt wird.

Tatkräftige, selbstsichere junge Menschen, die mit dem Gefühl des Erfolgs unsere Schulen verließen, wären wohl nicht so leicht dazu zu bewegen, sich ans Fließband zu stellen. Dies würde uns vielleicht endlich zwingen, darüber nachzudenken, wie wir die Arbeit in unseren Fabriken — und nicht nur dort — für die Menschen attraktiver machen könnten; und sofern wir in der Schule gute Arbeit geleistet hätten, würden wir wahrscheinlich feststellen, daß dies durch ökonomische Anreize allein nicht zu bewerkstelligen sei. Es müßte vielleicht endlich doch ernsthaft nach Möglichkeiten gesucht werden, das Arbeitsleben befriedigender zu gestalten.

Es ist ein großes Glück, daß sich die Freude des Menschen an der Schaffenskraft seiner Hände so schwer unterdrücken läßt. Vielleicht ist die Abwertung der Handarbeit sogar diesem Umstand zuzuschreiben. Es wäre vorstellbar, daß vor langen Jahren — zu der Zeit, als die Schrift entwickelt wurde — die Abwertung der handwerklichen Tätigkeiten als der einzig mögliche Weg erschien, die Menschen dazu zu bewegen, Achtung vor dem Verstand zu haben und geistige Fähigkeiten weiterzuentwickeln.

Im Leben des Kindes tritt schon früh und völlig spontan die Freude an körperlicher Betätigung und dem Erwerb neuer Fertigkeiten zutage. Diese Freude ist, wie wir gesehen haben, keineswegs gedankenlos; sie ist aber auch nicht mit Reflexion verbunden. Die später einsetzende Verwendung reflektiver Fähigkeiten kann ebenso lustbetont sein, doch dieses Vergnügen entsteht nicht von allein. Je besser wir es lernen, jene Unterstützung zu geben, um im Kind Freude an geistiger Betätigung zu wecken, desto weniger haben wir es nötig, unwillige Schüler mit der Strategie der «Satire der Handwerker» bei der Stange zu halten.

Wenn es uns also eines Tages gelingen sollte, einer großen Zahl von Menschen das Erlebnis geistiger Befriedigung zu vermitteln, könnten wir uns ungehindert und in größerem Maße der Förderung anderer menschlicher Fähigkeiten zuwenden. Unter diesen Umständen wäre es wohl nicht zu schwierig — oder gefährlich —, der Handarbeit ihren verlorenen Wert wiederzugeben. Und dadurch würden, so vermute ich, ungeahnte Kräfte frei.

Alle weiteren Spekulationen überlasse ich den Zukunftsforschern. Wenn wir jedoch nicht bereit sind, unseren Kindern bei der Bewältigung jener Anforderungen beizustehen, die wir selbst an sie stellen — und dies im Lichte neuer Erkenntnisse nicht immer wieder von neuem versuchen —, haben wir kein Recht, sie als «dumm» zu bezeichnen. Vielmehr müßten wir uns selbst der Gleichgültigkeit, Unsicherheit oder Unfähigkeit zeihen.

Literaturverzeichnis

1 ANDERSON, R., MANOOGIAN, S. T., & REZNICK, J. S., The undermining and enhancing of intrinsic motivation in preschool children. *Journal of Personality and Social Psychology,* 1976, *34,* 915-22.

2 BLAKE, W., *Lieder der Unschuld und Erfahrung.* Frankfurt/Main: Insel, 1975.

3 BLANK, M., *Teaching Learning in the Preschool.* Columbus, Ohio: Merrill, 1973.

4 BLOOM, L., Talking, understanding and thinking. In R. L. SCHIEFELBUSCH & L. L. LLOYD (eds.), *Language Perspectives — Acquisition, Retardation and Intervention.* New York: Macmillan, 1974.

5 BOWER, T. G. R., *A Primer of Infant Development.* San Francisco: W. H. Freeman, 1977.

6 BOWER, T. G. R., & WISHART, J. G., The effects of motor skill on object permanence. *Cognition,* 1972, *1,* 165-72.

7 BRUNER, J. S., *Toward a Theory of Instruction.* New York: W. W. Norton, 1966. Deutsche Ausgabe: BRUNER, J. S., Entwurf einer Unterrichtstheorie. Düsseldorf: Schwann, 1974.

8 BRUNER, J. S., The ontogenesis of speech acts. *Journal of Child Language,* 1975, 2, 1-19.

9 BRYANT, P., & KOPYTYNSKA, H., Spontaneous measurement by young children. *Nature,* 1976, *260,* 772.

10 CAMPBELL, R., & BOWE, T., Functional asymmetry in early language understanding. In G. DRACHMAN (ed.), *Salzburger Beiträge zur Linguistik,* Bd. 3. Tübingen: Narr, 1977.

11 CHOMSKY, N., *Aspects of the Theory of Syntax.* Cambridge, Mass.: M. I. T. Press, 1965.

12 CLARK, E. V., Awareness of language: some evidence from what children say and do. Paper presented at the discussion meeting on ‹The Child's Conception of Language› , Projektgruppe für Psycholinguistik. Max-Planck-Gesellschaft, Nijmegen. (To appear in the Proceedings.)

13 CLARK, M. M., *Young Fluent Readers.* London: Heinemann Educational, 1976.

14 COLE, M., GAY, J., GLICK, J. A., & SHARP, D. W., *The Cultural Context of Learning and Thinking.* London: Methuen, 1971.

15 DECI, E. L., *Intrinsic Motivation.* New York: Plenum Press, 1975.

16 DONALDSON, M., *A Study of Children's Thinking.* London: Tavistock, 1963

17 DONALDSON, M., & LLOYD, P., Sentences and situations: Children's judgments of match and mismatch. In F. BRESSON (ed.), *Problèmes Actuels en Psycholinguistique.* Paris: Centre National de la Recherche Scientifique, 1974.

18 DONALDSON, M., & McGARRIGLE, J., Some clues to the nature of semantic development. *Journal of Child Language,* 1974, *1,* 185-94.

19 DOUGLAS, M., *Implicit Meanings*. London & Boston: Routledge & Kegan Paul, 1975.

20 DOWNING, J., Children's concepts of language in learning to read. *Educational Research,* 1970, *12,* 106-12.

21 FOX, B., & ROUTH, D. K., Analysing spoken language into words, syllables and phonemes: a developmental study. *Journal of Psycholinguistic Research,* 1975, *4,* 331-42.

22 GELMAN, R., Conservation acquisition: A problem of learning to attend to relevant attributes. *Journal of Experimental Child Psychology,* 1969, *7,* 167-87.

23 GIBSON, E. J., & LEVIN, H., *The Psychology of Reading*. Cambridge, Mass.: M. I. T. Press, 1975.

24 GRIEVE, R., HOOGENRAAD, R., & MURRAY, D., On the child's use of lexis and syntax in understanding locative instructions. *Cognition,* 1977, *5,* 235-50.

25 GRUBER, K. H., Backwards to Europe. *Times Educational Supplement,* 24 June 1977, 18-19.

26 HALL, L. C., Linguistic and perceptual constraints on scanning strategies: some developmental studies. Edinburgh University: unpublished doctoral dissertation, 1975.

27 HARRIS, P. L. (personal communication).
    HENLE, M., The relationship between logic and thinking. *Psychological Review,* 1962, *69,* 366-78.

28 HEWSON, S. N. P., Inferential problem solving in young children. Oxford University: unpublished doctoral dissertation, 1977.

29 HOPKINS, G. M., Letter to Robert Bridges dated 17 May 1885. In ABBOTT, C. C. (ed.), *The Letters of Gerard Manley Hopkins to Robert Bridges*. London: Oxford University Press, 1935.

30 HUGHES, M., Egocentrism in pre-school children. Edinburgh University: unpublished doctoral dissertation, 1975.

31 HUGHES, M., & GRIEVE, R., Interpretation of bizarre questions in five and seven-year-old children. (In preparation.)

32 INHELDER, B., & PIAGET, J., *The Early Growth of Logic in the Child: Classification and Seriation*. London: Routledge & Kegan Paul, 1964.

33 INHELDER, B., SINCLAIR, H., & BOVET, M., *Apprentissage et Structures de la Connaissance*. Paris: Presses Universitaires de France, 1974.

34 JOHNSON-LAIRD, P. N., LEGRENZI, P., & SONINO LEGRENZI, M., Reasoning and a sense of reality. *British Journal of Psychology,* 1972, *63,* 395-400.

35 JUNG, C. G., The Development of Personality. *Collected Works, Vol. 17.* London: Routledge & Kegan Paul, 1954. Deutsche Originalausgabe: JUNG, C. G. Über die Entwicklung der Persönlichkeit. Gesammelte Werke, Bd. 17. Olten und Freiburg/Breisgau: Walter, 1972.

36 KARMILOFF-SMITH, A., & INHELDER, B., If you want to get ahead, get a theory. *Cognition,* 1975, *3,* 195-212.

37 KENDLER, T. S., & KENDLER, H. H., Experimental analysis of inferential behavior in children. In LIPSITT, L. P., & SPIKER, C. C. (eds.), *Advances in Child Development and Behaviour.* Vol. 3, 1967.

38 LEE, L., *Cider with Rosie.* London: The Hogarth Press, 1965 (p.50).

39 LEPPER, M. R., GREENE, D. & NISBETT, R. E., Undermining children's intrinsic interest with extrinsic rewards: A test of the ‹over-justification› hypothesis. *Journal of Personality and Social Psychology,* 1973, *28,* 129-37.

40 LEWIS, C. S., *That Hideous Strength: a Modern Fairy Tale for Grown-ups.* London: Bodley Head, 1945.

41 LLOYD, P., Communication in pre-school children. Edinburgh University: unpublished doctoral dissertation, 1975.

42 MACRAE, A. J., Meaning relations in language development: a study of some converse pairs and directional opposites. Edinburgh University: unpublished doctoral dissertation, 1976.

43 McGARRIGLE, J., & DONALDSON, M., Conservation accidents. *Cognition,* 1974, *3,* 341-50.

44 McGARRIGLE, J., GRIEVE, R., & HUGHES, M., Interpreting inclusion: a contribution to the study of the child's cognitive and linguistic development. (In preparation.)

45 McMICHAEL, P., Self-esteem, behaviour and early reading skills in infant school children. In J. F. REID & H. DONALDSON (eds.), *Reading: Problems and Practices* (2nd edition). London: Ward Lock Educational (1977).

46 MACNAMARA, J., Cognitive basis of language learning in infants. *Psychological Review,* 1972, *79,* 1-13.

47 MARATSOS, M. P., Non-egocentric communication abilities in pre-school children. *Child Development,* 1973, *44,* 697-700.

48 OLSON, D. R. Culture. Technology and Intellect. In L. B. RESNICK (ed.), *The Nature of Intelligence,* Hillsdale, N. J.: Lawrence Erlbaum Associates, 1976.

49 PAPOUŠEK, H., Individual variability in learned responses in human infants. In R. J. ROBINSON (ed.), *Brain and Early Behaviour.* London: Academic Press, 1969.

50 PIAGET, J., *The Language and Thought of the Child.* London: Routledge & Kegan Paul, 1926.

51 PIAGET, J., *The Child's Conception of Number.* London: Routledge & Kegan Paul, 1952.

52 PIAGET, J., *The Child's Construction of Reality.* London: Routledge & Kegan Paul, 1958.

53 PIAGET, J., *The Grasp of Consciousness.* London: Routledge & Kegan Paul, 1977.

54 PIAGET, J., & INHELDER, B., *The Child's Conception of Space.* London: Routledge & Kegan Paul, 1956.

55 PIÉRAUT-LE BONNIEC, G., *Le Raisonnement Modal,* The Hague: Mouton, 1974.

56 PLATO, *Protagoras and Meno*. Translated by W. K. C. GUTHRIE. London: The Penguin Classics, 1956.

57 REID, J. F., Learning to think about reading. *Educational Research,* 1966, *9,* 56-62.

58 REID, J. F., & Low, J., *Link-up*. Edinburgh: Holmes McDougall, 1972.

59 RESNICK, L. B., Task analysis in instructional design: Some cases from mathematics. In D. KLAHR (ed.), *Cognition and Instruction*. Hillsdale, N. J.: Lawrence Erlbaum Associates, 1976.

60 RICHARDS, I. A., *How to Read a Page*. London: Routledge & Kegan Paul, 1943.

61 ROSE, S. A., & BLANK, M., The potency of context in children's cognition: An illustration through conservation. *Child Development,* 1974, *45,* 499-502.

62 SAYERS, DOROTHY, L., *Have His Carcase*. London: Victor Gollancz, 1971 (p. 112).

63 SIEGLER, R. S., Three aspects of cognitive development. *Cognitive Psychology,* 1976, *8,* 481-520.

64 SLOBIN, D. I., & WEISH, C. A., Elicited imitation as a research tool in developmental psycholinguistics. In C. A. FERGUSON & D. I. SLOBIN (eds.), *Studies of Child Language Development*. New York: Holt, Rinehart & Winston, 1973.

65 SZASZ, T. S., *The Second Sin*. London: Routledge & Kegan Paul, 1974.

66 TREVARTHEN, C., Communication and cooperation in early infancy: A description of primary intersubjectivity. In M. BULLOWA (ed.), *Before Speech: The Beginnings of Human Communication*. London: Cambridge University Press (in press).

67 VYGOTSKY, L. S., *Thought and Language*. Cambridge, Mass.: M. I. T. Press, 1962.

68 WALLINGTON, B. A., Some aspects of the development of reasoning in preschool children. Edinburgh University: unbublished doctoral dissertation, 1974.

69 WASON, P. C., & JOHNSON-LAIRD, P. N., *Psychology of Reasoning: Structure and Content*. London: Batsford, 1972.

70 WERNER, H., *Comparative Psychology of Mental Development*. New York: International Universities Press, Inc., 1948.

71 WHITEHEAD, A. N., Technical education and its relation to science and literature. In A. N. WHITEHEAD (ed.), *The Aims of Education*. London: Williams & Norgate, 1932.

72 ZIFF, P., *Understanding Understanding*. Ithaca, N. Y.: Cornell University Press, 1972.

Louise J. Kaplan

Die zweite Geburt
Die ersten Lebensjahre des Kindes
Mit einem Nachwort von Margaret S. Mahler.
Herausgegeben von Reinhard Fatke.
Aus dem Amerikanischen von Hainer Kober.
257 Seiten. Serie Piper 324

Das bedeutsamste und folgenreichste Abenteuer des frühmenschlichen Lebens ist der Prozeß der »zweiten Geburt« des Kindes: die Loslösung von der Mutter und das allmähliche Entstehen einer eigenen Individualität. Diese Entwicklung vollzieht sich in den ersten drei Lebensjahren, an ihrem Ende steht die unverwechselbare Persönlichkeit des Kindes. Während dieser Zeit ereignen sich Dinge zwischen dem Kind und seiner Mutter, von denen wir bisher nur wenig wußten. In diesem Buch wird erstmals bis ins Detail das spannungsvolle Wechselspiel von Festhalten und Loslassen, von Anschmiegen und Fortstoßen, von Ansichbinden und Freigeben zwischen Mutter und Kind beschrieben. Louise J. Kaplan führt den Leser in das Denken und Fühlen des Kleinkindes und seiner Mutter ein und macht verstehbar, was sich hinter dem äußerlich sichtbaren Verhalten ereignet.

PIPER

T. Berry Brazelton

Die ganz normalen Katastrophen
Das gesunde und das kranke Kind
in den ersten Lebensjahren
Aus dem Amerikanischen von Hainer Kober. 251 Seiten. Kt.

»Die ganz normalen Katastrophen« – das sind die Alltagsprobleme des
Kleinkindes wie Weinkrämpfe, Brechkoliken, Trotzanfälle,
Erregungszustände und Disziplinschwierigkeiten, aber auch Krankheiten,
Geschwisterrivalität, Reifungskrisen und schließlich Brüche in der
Familiengeschichte wie Trennung und Scheidung. Ausgangspunkt ist
immer der Dialog des Kinderarztes mit den Eltern und den Kindern, ein
aktuelles Problem, eine scheinbar ganz individuelle Konfliktsituation. Und
wieder ist es auch in »Die ganz normalen Katastrophen« Brazeltons
Anliegen, den Eltern seine optimistische Botschaft zu vermitteln: Meist sieht
alles schlimmer aus, als es ist.

Und was ist mit den Kindern?
Beruf und Kind. Beispiele, Erfahrungen,
Hilfen für berufstätige Mütter und Väter
Aus dem Amerikanischen von Hainer Kober. 273 Seiten. Kt.

Das neue Buch des amerikanischen Kinderarztes wendet sich an
berufstätige Elternpaare und alleinerziehende, arbeitende Mütter und
nimmt sich ihres großen Problems an: Wie verbinden wir unser
Engagement im Beruf mit der Sorge für unsere Kinder? Wie dieses Problem
sich stellt und konkret gelöst werden kann, hängt unmittelbar mit der
sozialen Lage der Eltern zusammen.

Zerreißproben
Familienkrisen und wie sie bewältigt werden können
Aus dem Amerikanischen von Hainer Kober. 253 Seiten. Kt.

PIPER

Rita Kohnstamm

Praktische Kinderpsychologie

Die ersten 7 Jahre. Eine Einführung für Eltern, Erzieher und Lehrer

Mit einer Einleitung von Hans Aebli. 3., korrigierte und erweiterte Auflage. 224 Seiten, kartoniert Fr. 26.— / DM 29.80

Die Autorin informiert sachlich und ausgewogen, auf dem Hintergrund praktischer Erfahrungen. Es gelingt ihr, auch schwierige Sachverhalte verständlich zu machen. Eine im besten Sinne elementare Einführung in die Entwicklungspsychologie.

Rita Kohnstamm

Praktische Psychologie des Schulkindes

Eine Einführung

Mit einer Einleitung von Hans Aebli. Aus dem Niederländischen übersetzt von Yves W. Fuchs. 208 Seiten, kartoniert Fr. 26.— / DM 29.80

Wie lernt ein Kind mit sechs oder sieben Jahren lesen, schreiben und rechnen? Woran liegt es, wenn dabei Schwierigkeiten auftreten? Wie sucht sich das Kind seinen Lesestoff aus? Welchen Einfluß hat das Fernsehen auf seine Entwicklung? Alle diese Fragen sind für die Entwicklung des Schulkindes von großer Bedeutung.

Gerhard Steiner

Lernen

20 Szenarien aus dem Alltag. 368 Seiten, 53 Abbildungen, kartoniert Fr. 34.— / DM 39.80

Anhand von nachvollziehbaren alltäglichen Lernsituationen aus den Bereichen der elterlichen Erziehung, des schulischen Unterrichts auf verschiedenen Stufen, der Arbeit im Betrieb sowie der Freizeit und des Sports wird der Leser in die Begrifflichkeit der Lernpsychologie eingeführt.

Verlag Hans Huber
Bern Göttingen Toronto